MW00781667

De La Biblioteca de

Los Doce Poderes del Hombre

Los Doce Poderes del Hombre

Charles Fillmore

Biblioteca Clásica de Unity

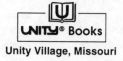

UNITY® Books

Unity Village, Missouri

"Unity es un vínculo en el gran movimiento educacional inaugurado por Jesucristo; nuestro propósito es discernir la Verdad y probarla. La Verdad que enseñamos no es nueva, ni alegamos ser dueños de revelaciones o descubrimientos especiales de principios religiosos nuevos. Nuestro propósito es ayudar e instruir a la humanidad a usar y probar la Verdad eterna enseñada por el Maestro."

—Charles Fillmore
Cofundador de Unity

Los doce poderes del hombre forma parte de la Biblioteca Clásica de Unity.

Para recibir un catálogo de todas las publicaciones de Unity en español o hacer un pedido, escriban a nuestro Departamento de Traducciones, Unity School of Christianity.

Primera edición en español 1986; segunda impresión 1998

Diseño del papel estilo vergé por Mimi Scheicher ©
Diseño de la portada por Jill L. Ziegler

LIBRARY OF CONGRESS CATALOGING-IN-PUBLICATION DATA

Library of Congress Catalog Card Number:
ISBN 0-87159-223-1
Canada BN 13252 9033 RT

Para Unity Books es un deber sagrado ser una presencia sanadora en el mundo. Al imprimir con tinta biodegradable de soya en papel reciclado, creemos que ponemos de nuestra parte para ser administradores sabios de los recursos de nuestro planeta Tierra.

"El hombre es el poder de Dios en acción ...
Cuando coopera con el principio divino, se sienta
en el trono de su autoridad y la fuerza elemental se
somete a su dirección."

Charles Fillmore

Introducción

Jesús profetizó el advenimiento de una raza de hombres que se sentarían con El en doce tronos, juzgando a las doce tribus de Israel. Este libro explica el significado de esta referencia mística, qué son y dónde están los doce tronos, y qué realizaciones son necesarias para el hombre antes de que pueda seguir a Jesús en esta fase de su regeneración. La regeneración sigue a la generación en el desenvolvimiento del hombre. La generación sostiene y perpetúa lo humano; la regeneración desenvuelve y glorifica lo divino.

No se espera que los principiantes en el estudio del cristianismo metafísico comprendan este libro. El mismo se relaciona con fuerzas que funcionan bajo y sobre el nivel de la mente consciente. El pensador religioso promedio no sabe nada acerca de la mente subconsciente y muy poco acerca del superconsciente. Este libro presupone un conocimiento que permita trabajar con ambos niveles.

El propósito de este libro es clarificar el misterio que siempre envuelve el advenimiento, vida y muerte de Jesús. Para el lector superficial de los Evangelios Su vida fue una tragedia y en lo que concierne al reino majestuoso que se había profetizado, éste fue un fracaso. No obstante, aquellos que comprenden la sutileza y la supremacía del Espíritu ven que Jesús fue el conquistador de una fuerza psíquica que estaba destruyendo la raza humana.

Jesús fue el actor estelar en el drama más grande que jamás se haya representado en la tierra. Este drama se desenvolvió en el reino celestial con el propósito de inyectar nueva vida en hombres que estaban a punto de perecer. No es posible que el hombre comprenda la importancia plena de este gran plan de salvación hasta que despierte en sí mismo las facultades que lo relacionan con la tierra abajo y los cielos arriba.

Por largo tiempo se había profetizado que el tiempo estaba maduro para el advenimiento de una nueva raza en este planeta, y había surgido mucha especulación en cuanto a la naturaleza y manifestación del superhombre. En consecuencia, se expone la idea metafísica del avivamiento espiritual del hombre en el plano de expresión humana y su transformación hacia lo divino; no por un milagro o mandato de Dios, sino por el refinamiento gradual del hombre carnal en el hombre espiritual.

Como enseñó Pablo: "Esto corruptible se vestirá de incorrupción y lo mortal se cubrirá de inmortalidad".

Jesús representó las "primicias" de aquellos que están liberándose de lo mortal para penetrar en lo inmortal. El fue el prototipo, el Señalador del Camino, y al seguir Su ejemplo y apropiarnos de Su naturaleza como hombre de mente espiritualizada, podremos elevarnos a Su mismo estado de conciencia.

El discernimiento espiritual siempre precede a la demostración, en consecuencia, es más lo que se enseña en este libro como una posibilidad de realización por el hombre que todo lo que se ha demostrado por cualquier hombre, excepto Jesús. Aquellos que se sienten preparados para la gran aventura en la realización de vida eterna en el cuerpo aquí y ahora, no deberán desanimarse porque no hay ejemplos sobresalientes de hombres que hayan logrado elevarse a este alto grado de exaltación. A través de la energía mental, o del poder dinámico de la mente, el hombre puede liberar la vida de los electrones ocultos en los átomos que componen las células de su cuerpo. La ciencia física dice que si la energía electrónica almacenada en una sola gota de agua fuera liberada súbitamente, su poder

demolería un edificio de seis pisos. ¿Quién
puede calcular el poder encerrado en los millones de células que forman el cuerpo humano?
Jesús, a través de Sus enseñanzas místicas,
nos enseñó el método para liberar y controlar
esta energía corporal. El se transfiguró ante
Sus apóstoles, "y su rostro brilló como el sol,
y sus vestimentas se tornaron blancas como
la luz". Antes de Su crucifixión El había
logrado tal poder sobre las células de Su cuerpo que le anunció a los judíos que podrían
destruir Su cuerpo y "en tres días", El "lo
levantaría". Demostró este poder en la
resurrección de Su cuerpo después que había
sido declarado sin vida. Cuando desapareció
en una nube, El sencillamente desató los
átomos dinámicos de todo Su cuerpo y liberó
su energía eléctrica. Esto lo impulsó hacia la
cuarta dimensión de la sustancia, la cual El
llamó "el reino de los cielos".

La energía dinámica que el hombre libera a
través de la oración, la meditación y las actividades más elevadas de su mente es tan
fuerte que si no se controla y se eleva al plano
espiritual puede resultar en una fuente de
destrucción para el cuerpo. Si se lleva a los
extremos, ella puede además, convertirse en
una causa para la destrucción del alma. "No

temáis a aquellos que destruyen el cuerpo pero no pueden destruir el alma; sino a los que pueden destruir el alma y el cuerpo en el infierno." Este que puede destruir ambos el cuerpo y el alma en el infierno (Gehena) es el yo personal o el egoísmo en el hombre.

La energía electrónica en el hombre es una especie de fuego que se representa como el infierno (Gehena). Este fuego electrónico debe usarse sin egoísmo. Si se usa para promover el egoísmo del hombre, se torna destructivo a través de las contracorrientes que establece en el sistema nervioso.

No estimulamos a aquellos que aún sienten ambiciones mundanas a emprender el desenvolvimiento de los doce poderes del hombre. Te sentirás desilusionado si tratas de usar estos superpoderes para ganar dinero ("convertir las piedras en pan"), dominar a otros ("los reinos del mundo . . . Todas estas cosas te daré"), o hacer ostentación de tu poder ("Si tú eres el hijo de Dios, échate abajo"). Estas son las tentaciones del yo egoísta, según se indican en el capítulo cuarto de Mateo, las cuales Jesús tuvo que vencer y que tienen que superar todos los que le siguen "en la regeneración".

Gozo indecible, gloria y vida eterna se prometen a aquellos que con devoción generosa se esfuerzan por desarrollar el estado consciente de Hijos de Dios. Todas las glorias del hombre natural son nada al compararlas con el desenvolvimiento del hombre espiritual. Las cosas de este mundo pasan, pero las cosas del Espíritu perduran siempre. En su cuerpo carnal, el hombre puede compararse con una oruga, que es el embrión de la mariposa. En su estado rudimentario, la oruga es un simple gusano de la tierra, pero tiene envuelta en sí misma, una hermosa criatura esperando liberarse de su envoltura material. Pablo visualizó esto cuando escribió en Rom. 8:22: "Porque sabemos que toda la creación gime a una, y a una está con dolores de parto hasta ahora; y no sólo ella, sino que también nosotros mismos, que tenemos las primicias del Espíritu, nosotros también gemimos dentro de nosotros mismos, esperando por la adopción, la redención de nuestro cuerpo".

Jesús, el Gran Maestro, ofreció muchas lecciones para instrucción nuestra. La mayor de ellas y la más espiritual fue "La Revelación de Juan". En ella, El se mostró a Juan tal y como El es en Su cuerpo redimido. De pie en medio de siete luces, que representan las siete ideas de la Mente Divina predominando en la tierra restaurada. "Uno semejante al hijo del hombre, ataviado con una vestimenta que le llegaba hasta los pies; y ceñido el pecho con una cinta de oro. Su cabeza y sus cabellos eran blancos como lana blanca, blancos como la nieve; y sus ojos como llama de fuego; y sus pies semejantes al bronce bruñido, refulgente como si hubiera sido refinado en un horno; y su voz como estruendo de muchas aguas. Y tenía en su diestra siete estrellas: de su boca salía una espada aguda de dos filos; y su rostro era como el sol cuando resplandece en su fuerza."

Esta descripción de la apariencia de Jesús es en parte simbólica, porque Juan mismo no comprendía la total importancia de los poderes que estaba ejerciendo el hombre espiritual, cuyas palabras eran tan definidas que a Juan le parecieron de dos filos; cuyos ojos eran tan penetrantes que parecían una llama de fuego; cuya voz era como el murmullo de muchas aguas. El lenguaje es pobre y desnudo cuando uno trata de describir las glorias del estado espiritual. Es necesario establecer comparaciones dentro de los límites de la comprensión del lector y éstas sólo describen débilmente al hombre sobrehumano y sus poderes.

No obstante, este retrato a pluma hecho por Juan, de lo que él vio cuando se levantó "en el Espíritu en el día del Señor", nos da una visión fugaz del hombre redimido y de lo que alcanzaremos cuando "despertemos, con Tu Semejanza".

Debe comprenderse cabalmente que esta perspectiva de Jesús, que se mostró a Juan, no fue la visión de un hombre que había muerto y ascendió al cielo, sino que fue una oportunidad para que Juan abriera sus ojos a la existencia de lo que puede llamarse la cuarta dimensión del hombre. Usamos el término la cuarta dimensión porque es el nombre que se aplica a un estado de existencia que la ciencia material popularizada acepta como cierto, para explicar los efectos que se están expresando en todas partes. También se le llama el éter interpenetrante, lo que no debe entenderse como algo material o de naturaleza material, sino como algo que tiene propiedades mucho más sustanciales que la materia. A través de la aplicación de principios matemáticos, los hombres de ciencia están comprobando la existencia del aspecto espiritual del Ser. Esto no se refiere al reino psíquico en el cual las almas en proceso de desarrollo descansan mientras esperan la reencarnación. Muchas personas dan por sentado que el reino de las almas y el reino espiritual son idénticos. Pero éstos se comparan entre sí como la luz de la luna y la del sol. Jesús llamó al estado interpenetrante del ser, el reino del cielo, o, en el original griego, "el reino de los cielos". El dijo que éste era como un tesoro escondido en un campo, el que al descubrirlo, el hombre vendería todo lo que tuviese para comprarlo. La mayor parte de los cristianos creen que ellos irán a este cielo cuando mueran, pero Jesús no enseña que los muertos van primero a la gloria. Por el contrario, Jesús enseña que la muerte puede ser superada. "Si un hombre guarda mi palabra, él nunca verá muerte." Pablo enseñó que Jesús alcanzó la victoria sobre la muerte. "Cristo, al ser resucitado de entre los muertos, no muere ya más." "No permitáis que el pecado reine en vuestros cuerpos mortales para obedecer sus lujurias: ni presentéis vuestros miembros al pecado *como* instrumentos de iniquidad; sino presentaos vosotros mismos a Dios como vivos de entre los muertos y vuestros miembros a Dios *como* instrumentos de justicia."

El Salmista escribe:

"¿ Qué es el hombre para que tengas de él
    memoria?
¿Y el hijo del hombre, para que lo visites?
Porque Tú lo has hecho poco menor que Dios,
Y lo coronaste de gloria y honra.
Le permites ejercer dominio sobre las obras
    de Tus Manos;
Todo lo has puesto debajo de sus pies".

Con mente de profeta, Ralph Waldo Emerson dice:

"Los corazones generosos emiten firmemente las fuerzas secretas que incesantemente atraen grandes sucesos, y dondequiera que la mente del hombre va, la naturaleza lo acompañará, sin importar cuál sea el sendero".

De cierto os digo que en la regeneración, cuando el Hijo del Hombre se siente en el trono de su gloria, vosotros que me habéis seguido también os sentaréis sobre doce tronos, para juzgar a las doce tribus de Israel. Y cualquiera que haya dejado casas, o hermanos, o hermanas, o padre, o madre, o mujer, o hijos, o tierras, por mi nombre, recibirá cien veces más, y heredará la vida eterna.

—Jesús

CAPITULO I

LOS DOCE PODERES
DEL HOMBRE

El reino subconsciente en el hombre contiene doce grandes centros de actividad que dirigen doce egos o identidades. Cuando Jesús logró cierto grado de desarrollo espiritual, llamó a Sus doce apóstoles. Esto significa que cuando el hombre se está desarrollando de la simple conciencia personal hacia la conciencia espiritual, empieza a adiestrar mayores y más amplios poderes; dirige su pensamiento hacia lo profundo de los centros internos de su organismo, y a través de su palabra acelera la vida en ellos. Mientras que antes, sus poderes trabajaban en lo personal, ahora ellos empiezan a expandirse y a trabajar en lo universal. A esto se refieren las Escrituras cuando mencionan la primera y la gunda venida del Cristo. La primera venida es la percepción de la Verdad en la mente consciente, y la segunda es el despertamiento y la regeneración de la mente subconsciente a través del superconsciente o Mente crística.

El hombre se expande y crece bajo evolución divina igual que una planta industrial. Según el negocio se expande, se observa la necesidad de desarrollar un sistema. En vez de un hombre trabajar con la ayuda de unos pocos auxiliares, necesita muchos ayudantes. En lugar de unos pocos, él necesita cientos; y a fin de promover la eficiencia debe, además, contar con directores para los diversos departamentos de trabajo. En la simbología de las Escrituras, los jefes de departamentos en la conciencia del hombre se llaman los doce apóstoles.

Cada uno de estos doce directores de departamentos controla una función específica en el alma o en el cuerpo. Cada uno de ellos trabaja a través de un conglomerado de células que la fisiología llama un "centro ganglionar". Jesús, el YO SOY o entidad central, tiene Su trono en la coronilla de la cabeza, donde la frenología localiza la espiritualidad. Esta es la montaña donde El tan a menudo se retiraba a orar. El bosquejo siguiente ofrece una lista de los Doce, las facultades que ellos representan y los centros nerviosos desde los cuales ellos dirigen:

Fe—Pedro—centro del cerebro.

Fortaleza—Andrés—lomos.

Discernimiento o Juicio—Santiago, hijo de Zebedeo—boca del estómago.

Amor—Juan—detrás del corazón.

Poder—Felipe—raíz de la lengua.

Imaginación—Bartolomé—entre los ojos.

Comprensión—Tomás—lóbulo frontal del cerebro.

Voluntad—Mateo—centro del lóbulo frontal del cerebro.

Orden—Santiago, hijo de Alfeo—ombligo.

Celo—Simón de Canaán—nuca.

Renunciación o Eliminación—Tadeo—región abdominal.

Conservación de Vida—Judas—función generativa.

Las designaciones fisiológicas de estas facultades no son arbitrarias—los nombres pueden ampliarse o cambiarse para adaptarlos a una comprensión más amplia de su naturaleza total. Por ejemplo: Felipe, en la raíz de la lengua, gobierna el sentido del gusto; él también controla la acción de la laringe, al igual que las vibraciones de poder a través del organismo. Por lo tanto, el término "poder" expresa sólo una pequeña parte de su capacidad oficial.

El primer apóstol a quien Jesús llamó fue Pedro. Este representa la fe en las cosas espirituales, la fe en Dios. Empezamos nuestra experiencia religiosa, nuestra unificación con la Mente Divina sosteniendo nuestra fe en esa mente como Espíritu omnipresente, todo-sabedor, todo-amoroso, todo-poderoso.

La fe en el hombre espiritual acelera la compresión espiritual. Pedro creyó que Jesús era el Mesías; su fe avivó su discernimiento espiritual, y vio el Cristo viviente detrás de la máscara personal que Jesús usaba. Cuando El preguntó a los apóstoles: "¿Quién dicen los hombres que es el Hijo del hombre?" ellos contestaron mirando a la personalidad como lo real, diciendo: "Algunos *dicen* que Juan el Bautista, algunos, Elías; y otros Jeremías, o uno de los profetas". Entonces Jesús apeló a la comprensión espiritual interna en ellos y dijo: "Pero, ¿quién decís vosotros que yo soy?" Solamente Simón Pedro contestó: "Tú eres el Cristo, el Hijo del Dios viviente". Y Jesús contestó: "Tú eres Pedro, y sobre esta roca edificaré mi iglesia, y las puertas del

Hades (la tumba) no prevalecerán contra ella. Y a ti te daré las llaves del reino del cielo".

El discernimiento espiritual sobre la realidad del origen del hombre y del ser es la única base perdurable del carácter. Fue a esta fe en la comprensión del ser real del hombre que Jesús le otorgó poder en la tierra y en el cielo. No fue a lo personal en Pedro a quien Jesús le dio las llaves de Su reino, sino a todos aquellos que, a través de la fe, aplican el poder del Espíritu en la tierra (conciencia de substancia) para atar (afirmar) y desatar (negar). Aquí y ahora ha de realizarse el gran trabajo del desarrollo de la naturaleza espiritual del hombre, y todo aquél que descuida las oportunitidades presentes, por mirar hacia un cielo futuro donde espera lograr mejores condiciones, está apartándose definitivamente del reino de los cielos dentro de sí mismo.

Personas que viven totalmente en el intelecto niegan que el hombre pueda conocer nada acerca de Dios, porque ellos no han acelerado su fe. La manera de traer a expresión la presencia de Dios, de hacernos a nosotros mismos conscientes de Dios, es afirmando: *Yo tengo fe en Dios; Yo tengo fe en el Espíritu; Yo tengo fe en las cosas invisibles.* Tales afirmaciones de fe, tales alabanzas al Dios invisible, al Dios desconocido, harán a Dios visible a la mente y fortalecerán la facultad de la fe. De este modo, Pedro se despierta a la acción y se instruye espiritualmente.

Cuando un centro pierde su poder, debemos bautizarlo a través de la palabra del Espíritu. Se nos dice en las Escrituras que Felipe viajó a Gaza ("que está en un desierto"), y allí bautizó a un eunuco. Gaza significa "ciudadela de fortaleza". Se refiere este pasaje al centro nervioso localizado en los lomos, donde Andrés (fortaleza) reina. "He aquí, su fortaleza está en sus lomos." Gaza es el trono físico de la fortaleza, al igual que Jerusalén es el trono del amor.

La espalda se debilita bajo la carga de pensamientos materiales. Si sufres de dolores en la espalda, si te sientes agotado fácilmente, debes saber en seguida que necesitas tratamiento para liberarte de preocupaciones materiales. Elimina de tu mente todo pensamiento sobre las cargas de este mundo, las responsabilidades de tu vida, y todas las aparentes obligaciones o tareas. Lleva todas tus cargas al Cristo. "Venid a mí, todos los que estáis trabajados y cargados, y yo os haré descansar."

Somos apremiados por ideas de materialidad. Los pensamientos hacen cosas y las ideas materiales que nos presionan son tan reales en el reino de la mente como las cosas que existen en el reino de la materia. Todo tiene su origen en el pensamiento, y los pensamientos materiales producirán cosas materiales. Por lo tanto con tu palabra espiritual debes bautizar y limpiar cada centro de poder en tu cuerpo, tal y como Felipe bautizó al eunuco de Gaza. El bautismo es limpieza. Siempre representa el poder de la mente para borrar o sanar.

Cuando el poder purificador de la palabra se vierte sobre un centro, todo pensamiento material se limpia; la incapacidad se transforma en vida nueva y la mente subconsciente despierta y se acelera. La palabra de Dios se ha sembrado en el cuerpo, y una vez la palabra se dispersa como semilla en cualquiera de estos centros, cuyas células son a manera de discos fonográficos en blanco, ellos reciben el pensamiento que se les envía y lo trasmiten a través de todo el organismo. El bautismo de fortaleza va a las partes más remotas del cuerpo y cada uno de los doce poderes bajo la ley divina, siente la nueva fortaleza.

Santiago, el hijo de Zebedeo, representa el

discernimiento y buen juicio al trabajar con las cosas verdaderas. Santiago es la facultad en el hombre que selecciona y decide con sabiduría. Puede ser en materia de alimentación, en asuntos de juicio, en lo que se relaciona con fuerzas externas, o puede tratarse de la selección de una esposa o esposo; de miles de maneras diferentes esta facultad se desarrolla en el hombre. El aspecto espiritual de la facultad de Santiago es la intuición, saber instantáneo.

Santiago y Juan son hermanos, y Jesús los llamó "los hijos del trueno". Estos hermanos presiden sobre el cerebro del cuerpo llamado el plexo solar o centro solar. Santiago tiene su trono en la boca del estómago; y Juan, justamente detrás del corazón. Ellos están unidos por manojos de nervios y metafísicamente están íntimamente relacionados. Todo lo que afecta el estómago, afectará por simpatía el corazón. Las personas de estómago débil casi siempre piensan que tienen problemas cardíacos.

Jesús llamó a estos dos apóstoles "hijos del trueno". Vibraciones o emociones extraordinarias se generan en el plexo solar. Cuando tus emociones se excitan, observarás que empiezas a respirar con mayor profundidad y fuerza y si eres muy compasivo puedes sentir las vibraciones que salen de ti hacia la persona o cosa a quienes estás dirigiendo tus pensamientos. Todo el fervor, toda la energía elevada que surge del alma, pasa por estos centros.

Bartolomé representa la imaginación. La imaginación tiene su centro de acción exactamente entre los ojos. Este es el punto de expresión de un conjunto de tejidos que se extienden hacia atrás penetrando en el cerebro, donde se conecta con un centro productor de imágenes cerca de la raíz del nervio óptico. Por medio de esta facultad, tú puedes proyectar una imagen de las cosas externas o de las ideas internas. Por ejemplo, tú puedes proyectar la imagen de celos a cualquier parte de tu cuerpo, y por medio de la química del pensamiento combinada con la función imaginativa, hacer que tu piel se torne amarillenta, o puedes imaginar y proyectar belleza al pensar en bondad y perfección para todos.

Bartolomé se conecta directamente con el alma, y tiene una gran influencia en la producción de cuadros mentales. Jesús lo vio debajo de un árbol de higos, estando aún a gran distancia de él, y antes de que fuera visible a la vista natural. No formes ninguna imagen negativa; imagina solamente lo bueno, porque bajo la ley del pensamiento combinada con la substancia, tarde o temprano, lo que has imaginado se manifestará, a menos que lo desvíes y elimines por la negación.

El hombre tiene facultades de eliminación, al igual que de apropiación. Si tú sabes cómo manejar ambas, puedes expulsar el error de tu cuerpo mental. El apóstol de la negación es Tadeo, quien dirige el gran centro renunciador de la mente y del cuerpo, localizado en la región abdominal. Todas las facultades son necesarias para la perfecta expresión del hombre. Ninguna es despreciable ni impura. Algunas han sido mal comprendidas. Por su ignorancia, el hombre las ha llamado inferiores, con el resultado de que ellas al actuar de ese modo, le han causado dolor y sufrimiento. La eliminación, por Tadeo, de los desperdicios por conducto del intestino es una función muy necesaria.

Tomás representa el poder de la comprensión en el hombre. Se le llama el incrédulo porque desea cerciorarse de todo. Tomás está en la parte frontal del cerebro y su colaborador, Mateo, la voluntad, ocupa la misma área cerebral. Estas dos facultades trabajan juntas en esta parte de la "tierra prometida". Como la tierra de Efraín y Manasés, su herencia permanece sin dividirse.

Santiago, hijo de Alfeo, representa el orden divino. Su centro radica en el ombligo.

Simón, el cananeo, representa el celo; su centro está en la médula, en la base del cerebro. Cuando el celo te consume y estás ansioso por realizar grandes cosas, generas calor en la base del cerebro. Si esta condición no se pone en equilibrio con la cooperación de las facultades proveedoras, quemarás tus células y obstruirás el crecimiento de tu alma. "Porque el celo de tu casa, me ha consumido."

Judas, quien traicionó a Jesús, tiene su trono en el centro generativo. Judas gobierna la conciencia de vida en el cuerpo, y sin su sabia cooperación, el organismo pierde su substancia esencial y muere. Judas es egoísta; la avaricia es su "demonio". Judas gobierna la más sutil de las "bestias del campo"—la sensación; pero Judas puede redimirse. La función de Judas genera la vida del cuerpo. Necesitamos la vida, pero la vida debe encauzarse por caminos divinos. Debe haber una expresión de vida recta. Judas, el traidor de Jesús, tiene finalmente que limpiarse del diablo, el egoísmo; y al purificarse permitirá que la fuerza vital fluya a todas las partes del organismo. En lugar de ser un ladrón (atrayendo al centro del sexo las fuerzas vitales necesarias para la sustancia del hombre total), Judas se convertirá en un suplidor; dará su vida a cada una de las facultades. En la conciencia que prevalece en la raza, Judas agota al hombre completo y el cuerpo muere como resultado de su ratería egoísta.

Es por conducto de Judas (el deseo de apropiarse y experimentar el placer de la sensación) que el alma (Eva) es inducida al pecado. A través de los pecados de la vida sexual (desperdiciando la preciosa substancia de la vida) el cuerpo pierde sus fluidos esenciales y eventualmente se desintegra. El desenlace es la muerte, el mayor y último enemigo que el hombre tiene que vencer. La inmortalidad del cuerpo será posible para el hombre solamente cuando haya superado las debilidades de la sensación, y conserve su sustancia vital. Cuando despertemos a la realización de que a toda indulgencia motivada solamente por el placer, le sigue el dolor, entonces sabremos lo que significa comer del árbol del conocimiento del bien y el mal, o la causa del placer y el dolor.

Si anhelas desarrollar gradualmente tus facultades bajo la ley divina, redime a Judas.

Primero ten fe en el poder del Espíritu y luego háblale a Judas la palabra de pureza. Afirma para él la palabra de generosidad, bautízalo con todo el Espíritu—el Espíritu Santo. Si existe en ti un deseo egoísta por entregarte a la sensación, para experimentar los placeres sensoriales en alguno de sus aspectos, entrega ese deseo al Señor; de ninguna otra manera puedes entrar en la vida eterna.

Estos doce poderes se expresan y se desenvuelven todos bajo la dirección de la Mente Divina. "No por la fuerza, ni por el poder, sino por mi Espíritu dice Jehová de los ejércitos." Tú debes mantener el equilibrio durante todo el proceso de traer a expresión los doce poderes del hombre; debes comprender que ellos surgen de Dios, que son dirigidos por la Palabra de Dios, y que el hombre, (Jesús), es su director.

CAPITULO II

EL DESARROLLO DE LA FE

La fe tiene una morada permanente en la conciencia del hombre. Esta morada se describe en las Escrituras como la "casa de Simón y Andrés". Una casa es una estructura que alguna persona ha construido para su hogar. La casa del hombre es su castillo. Tal vez generación tras generación ha crecido en la misma casa. La casa donde nació un gran genio se preserva con solicitud, y año tras año la visitan los admiradores del que expresó algún pensamiento elevado, cultivó algún arte o realizó un descubrimiento importante. Si el pesebre en la cueva de Belén, donde nació Jesús, se encontrase, éste se convertiría en el santuario más famoso del mundo. La importancia que le concedemos a los sitios donde nacieron los grandes hombres y mujeres está fundamentada en el poder centralizador del pensamiento. Todas las estructuras son concentraciones de pensamiento. El pensamiento constructivo culmina en la construcción de lugares de vivienda. Los salvajes no construyen casas ni ciudades porque no piensan constructivamente.

En la época de David, los hijos de Israel eran nómadas. En sus mentes no había nacido aún la conciencia del Espíritu morador; por lo tanto, no podía formarse en sus cuerpos. Que el tiempo estaba maduro para un estado mental más constructivo se demuestra en estas palabras de Jehová en II Samuel 7:5-6: *¿Tú me has de edificar casa en que yo more? Ciertamente no he habitado en casas desde el día en que saqué a los hijos de Israel de Egipto hasta hoy, sino que ha andado en tienda y en tabernáculo.*

Después de recibir este mensaje, David, el poder de atracción del amor, empezó a acumular material para el templo de Salomón. Jehová le dijo a David que él no podía construir el templo porque era un guerrero. El templo de Dios es el cuerpo del hombre. ("Tu cuerpo es un templo del Espíritu Santo"), pero si el hombre no ha cumplido con la ley de construcción permanente del cuerpo, él es igual que los errabundos hijos de Israel; va de cuerpo en cuerpo y de tabernáculo en tabernáculo.

A menos que Jehová construya la casa,
Trabajan en vano, los que la construyen.

Las tiendas de campaña y los tabernáculos que los hijos de Israel construyeron para Jehová representan los cuerpos transitorios en la carne. El Señor tan sólo ha "caminado" en estos frágiles templos; ellos no han provisto una morada permanente para el Espíritu, a causa de su naturaleza insubstancial. La debilidad subyacente del cuerpo era su falta de fe en el alma que lo habitaba. Una nueva conciencia de la sustancia y vida del espíritu morador era necesaria, y se seleccionó a un hombre para traerla a expresión. Este hombre llamado Abraham, representa la obediencia y la fe. Su nombre original era Abram, que significa "padre eminente". El nombre se identifica con el principio cósmico más elevado, la sustancia espiritual todo-penetrante que existe por sí misma, y constituye la fuente primaria del universo.

Abraham fue probado una y otra vez, con el propósito de que se fortaleciera en su fe. Su gran prueba de fe fue el aceptar gustosa-

mente sacrificar a su amado hijo Isaac en el
monte del Señor. "Y llamó Abraham el nombre de aquel lugar, Jehová-proveerá. Por tanto, se dice hoy: En el monte de Jehová será
provisto."

Este incidente se propone demostrar que el
hombre necesita entregar todo lo que considera su más preciada posesión antes de
poder realizar la divina providencia. El incidente ocurre en el monte del Señor; esto es,
en un elevado estado de comprensión espiritual.

La ley de dar y recibir pertenece al reino de
las ideas. Debemos soltar los vínculos personales para poder recibir lo universal. Si un
padre idealiza a su hijo, lo ama tan profundamente que su placer es lo más importante en
su conciencia, el desarrollo espiritual del
padre se dificulta. Entonces, antes que el
amor de Dios (que es el supremo amor) pueda
llenar el corazón, debe haber un sacrificio del
amor humano. Si como Abraham uno es fiel,
obediente y dispuesto a entregar al Señor su
más amada posesión, siempre recibirá una
provisión equivalente.

Cuando Abraham se dispuso a sacrificar a
su amado Isaac, el Señor detuvo su mano; su
atención se dirigió a un matorral cercano

donde vio un carnero, el cual se le ordenó sacrificar en el altar, en lugar de su hijo. Esto ilustra una ley de sacrificio o renunciación que a menudo se interpreta mal. No tenemos que entregar las cosas que amamos si éstas son reales, pero se debe destruir el error que obstruye su plena expresión. El carnero (que representa la resistencia y oposición de la personalidad a la expresión completa de la Verdad) tiene que sacrificarse.

"Da y se te dará" es la declaración de la ley que trabaja en cada pensamiento y acción del hombre. Esta ley es la base fundamental de todo trueque o intercambio financiero. Los hombres traman para obtener algo por nada; pero la ley, en una de sus múltiples formas, los sorprende al fin y al cabo. Aún los metafísicos, quienes sobre todas las demás personas, deberían comprender la ley, a menudo actúan como si esperasen provisión abundante de Dios antes de haberla ganado. Es un error pensar que Dios da nada a ninguna persona sin que ésta lo haya merecido. El Espíritu Santo desciende sobre aquellos que oran en el "aposento alto". El "aposento alto" corresponde al "monte de Jehová". Es un nivel elevado de conciencia donde el hombre realiza la presencia de la Mente Divina. El

trabajo más grandioso que uno puede hacer
es tratar de conocer a Dios y guardar Su ley.
Dios paga con liberalidad por este servicio y
su recompensa es segura. La fe se intensifica
en la conciencia bajo esta ley.

"La fe es la seguridad de las *cosas* que se
esperan." Cuando ha surgido una aspiración
y un anhelo por lograr la realización de la vida
espiritual, la facultad de la fe se activa en la
conciencia. La oración de súplica no tiene
poder, la oración afirmativa es efectiva inme-
diatamente.

La fe intelectual admite la duda, y la esperanza del cumplimiento en el futuro; la fe espiritual incluye seguridad infalible y respuesta
inmediata. Estas dos actitudes de la fe se
observan a menudo actuando y reaccionando
entre sí. Pedro empezó a caminar sobre el
agua, sostenido por la fe espiritual, pero cuando vio los efectos del viento sintió miedo, y
empezó a hundirse. Entonces el YO SOY
(Jesús) le ofreció su mano y con ella, Su poder
espiritual; el viento cesó y no hubo ya ninguna duda sobre la habilidad de la fe para levantarse sobre la conciencia negativa.

El primero y más grande discípulo de Jesús
fue Pedro, quien ha sido aceptado universalmente por los seguidores de Jesús el Cristo

como un modelo representativo de la fe. Antes de conocer a Jesús, Pedro se llamaba Simón. Simón significa "audición", y representa la receptividad. Entendemos por esto que al escuchar la Verdad en actitud mental receptiva, el camino se abre para recibir un grado más elevado en el orden divino, que es la fe. Jesús le otorgó a Pedro un nombre nuevo y también su significado: "Tú eres Pedro, y sobre esta roca edificaré mi iglesia".

La fe en la realidad de lo invisible construye una sustancia real, duradera en la mente y en el cuerpo. Todas las ideas crecen rápidamente cuando se siembran en esta rica sustancia mental. Jesús también llamó a esta sustancia de fe la "tierra", y le dijo a Pedro: "Todo lo que ates (afirmes) en la tierra será atado en el cielo. Y todo lo que sueltes (niegues) en la tierra será desatado en el cielo". En todas Sus enseñanzas, Jesús destacó el hecho de que las fuerzas que gobiernan a ambos, el cielo y la tierra, está presentes en el hombre. "El reino de Dios está dentro de vosotros." "Toda autoridad se me ha dado en el cielo y en la tierra." "¿No está escrito en vuestra ley, Yo dije: Vosotros sois dioses?" Cuando comprendemos la omnipresencia del Espíritu (Dios) muy pronto vemos cuán verdadera y sencilla es esta hermosa doctrina de Jesús.

Hay solamente una fe genuina; la avenida de expresión determina la firmeza y el poder de la fe. La confianza es una clase de fe más barata, pero mejor que la desconfianza. Por regla general, las personas que solamente confían en el Señor, no comprenden toda la ley. Si tuvieran una mayor comprensión, afirmarían la presencia y poder de Dios hasta que la pura sustancia del Espíritu surgiera en su conciencia—y ésta es la fe establecida en una roca.

Las palabras de fe deben expresarse tanto en silencio como audiblemente. El poder de la palabra hablada se comprende muy poco porque la ley de la Palabra no se cumple correctamente. La Palabra es la idea creativa en la Mente Divina, la cual el hombre puede expresar cuando ha cumplido la ley de expresión. Todas las palabras son formativas, pero no todas son creativas. La palabra creativa se apodera de la sustancia y del poder del Espíritu. La ciencia física alude a esta sustancia y energía interior en su descripción del poder casi inconcebible inherente en el éter universal. Se nos dice que las fuerzas manifestadas tales como el calor, la luz, la electricidad, son solamente leves manifestaciones de un elemento omnipresente, que es miles de veces mayor que todas estas débiles expresiones.

La radiodifusión está abriendo un nuevo campo de actividad en el uso de la palabra hablada. Un artículo periodístico sobre el teléfono inalámbrico dice:

¿Acaso sabe usted que una sola palabra pronunciada en la parte baja de Broadway, Nueva York, en medio de los rascacielos podría romper todos los cristales de los edificios adyacentes y crear un disturbio que se sentiría a una milla de distancia en todas direcciones?

La voz humana, transformada en energía eléctrica para transmisión inalámbrica, desarrolla 270 caballos de fuerza. El poder de diez hombres es igual a un caballo de fuerza. La voz humana electrificada para propósitos de comunicación inalámbrica es equivalente al poder de 2,700 hombres. En los diversos procesos que multiplican una voz para transmisión radial a través del océano Atlántico, ésta se convierte en 135,000 veces más poderosa que cuando la pronunció la persona que envió el mensaje.

Por lo tanto, comenzando con una energía inicial de 1/1000 de un vatio eléctrico, la voz se incrementa por una poderosa estación radio-

*difusora hasta que se intensifica cien millones
de veces.*

Si la palabra hablada se puede intensificar
mecánicamente cien millones de veces, ¡cuánto mayor será su poder cuando se acelera por
el Espíritu! Cuando Jesús dijo en alta voz a
Lázaro: "Ven fuera", El tuvo que haber
establecido contacto con la palabra creativa a
la cual se refirió Juan en el capítulo primero
de su Evangelio, porque los resultados de-
mostraron su naturaleza dadora de vida.
Cuando El sanó al criado del centurión, a través de Su palabra difundida por corrientes invisibles, El dijo que el trabajo se había hecho
por la fe. Por lo tanto, la fe debe intensificar la
palabra hablada mucho más de cien millones
de veces, según la evidencia que demuestran
estos maravillosos resultados. Que la palabra
de fe tiene una fuerza interna, y que esta fuerza se precipita hacia adelante y produce
transformaciones extraordinarias en el mundo fenomenal, es el testimonio de miles que
han presenciado sus resultados.

Jesús dijo: "Si tuvieras fe como un grano
de mostaza, le dirías a esta montaña, remué-
vete a aquel sitio; y ella lo haría; y nada sería
imposible para ti". El conocía la gran maquinaria espiritual que la palabra de fe pone en

acción. El ilustró cómo el hombre desarrollado espiritualmente podía por la fe controlar los elementos, calmar las tormentas, caminar sobre las aguas, retardar o activar el crecimiento de la vida y substancia en los frutos, los árboles, los animales y los hombres.

Los pesados dínamos que generan la electricidad para iluminar a una gran ciudad se encienden por el toque leve de un botón. Hay un botón en la mente del hombre que, a través de la fe, lo conecta con la energía todopoderosa. Cuando la palabra de fe se dirige a los grandes tumores y ellos se disuelven, ¿acaso la transformación no es igual a la remoción de montañas? Cuando un miembro paralizado o un órgano sin vida se acelera y se restaura a su funcionamiento natural, ¿no es ese avivamiento una resurrección?

No es necesario que el que oprime el botón de la fe entienda la maquinaria complicada con la cual hace contacto; él sabe, como el que oprime el interruptor eléctrico, que la luz o el poder surgirán al instante. El centro de fe, la glándula pineal, abre la mente del hombre a la fe espiritual. Tan sólo el afirmar la actividad de este poder superior lo acelerará en conciencia. Jesús dijo: "Yo no hablo por mi propia cuenta, sino el Padre (fe) que mora en mí, hace sus obras".

Los transformadores de electricidad se comparan con el poder transformador de la mente. Es un axioma aceptado en sicología, que si un hombre cree sensatamente que él puede hacer una cosa, finalmente encontrará la manera de hacerla. La mente genera una energía que hace contacto con la energía universal y logra que las circunstancias y los sucesos se desenvuelvan a tono con la realización del ideal latente. Juan vino clamando en el desierto del pensamiento mortal: "Arrepentíos"; esto es, cambiad vuestras mentes. Pablo discernió una necesidad similar, por esto su llamada: "Transformaos por la renovación de vuestra mente".

Cuando las personas vean las posibilidades que siguen a un cambio correcto de pensamiento, ellas se apiñarán en los salones de los maestros de metafísica, lo mismo que ahora llenan los cinematógrafos. Cuando se comprenda claramente que la duda, el temor, la pobreza, la enfermedad y la muerte—todo pensamiento, bueno o malo, que los hombres han expresado—adquiere existencia a través de la mente, veremos una transformación en conciencia y un cambio radical en pensamiento y palabra en todos los que tienen una mente sana. Entonces buscaremos la fuente verdadera y la encontraremos, como Pablo, cuando dijo: "Tened en vosotros la misma mente que estaba en Cristo Jesús". No fue Jesús sino la mente en Jesús la que ejecutó las grandes obras. El fue el centro de fe que transformó las poderosas fuerzas creativas del Ser (las cuales están activas en el universo a través de la mente y el cerebro del hombre) en una clase de fuerza que podría usar en Su ambiente. Utiliza esta interna provisión de fe y puedes hacer lo que Jesús hizo. Esa fue Su promesa; su cumplimiento es la prueba del verdadero discípulo.

"Por fe Enoc fue trasladado para que no viese la muerte ... Por fe Noé ... preparó un arca para salvación de su casa ... Por fe Abraham, cuando fue probado, ofreció a Isaac ... Por fe Moisés, cuando nació fue escondido tres meses por sus padres ... Por fe cayeron los muros de Jericó ... ¿Y qué más diré? porque me faltará tiempo para hablar de Gedeón, Barac, Sansón, Jefté, David, Samuel y los profetas: quienes a través de la fe sojuzgaron reinos, obraron justicia, obtuvieron promesas, cerraron las bocas de los leones, apagaron fuegos impetuosos, evitaron el filo de espada, sacaron fuerzas de debilidad, se hicieron fuertes en batallas, pusieron en fuga ejércitos extranjeros. Las mujeres recibieron sus muertos mediante resurrección.''

CAPITULO III

FORTALEZA—ESTABILIDAD— INMUTABILIDAD

Cuando el hombre fuerte armado total- mente guarda su palacio, en paz está lo que posee; pero cuando viene otro más fuerte que él y lo vence, le quita todas sus armas en las que confiaba y reparte el botín.

Jesús ofreció la ilustración anterior de un hombre fuerte que fue vencido por otro más fuerte. El incidente se menciona en tres de los Evangelios, los de Mateo, Marcos y Lucas. Se interpreta esta ilustración en términos gene- rales como una manera de superar el mal, pero la identificación peculiar del hombre fuerte en su palacio (o casa), y la necesidad de vencerlo, sugieren un significado más profun- do. El que ha estudiado al hombre como un conjunto de personalidades, identifica fácilmente al "hombre fuerte" como uno de los doce poderes fundamentales que son parte de la naturaleza del hombre manifestado. Entre los apóstoles de Jesús, se designa a Andrés, el hermano de Pedro, como el hombre fuerte. En griego, Andrés significa "hombre fuerte".

El desenvolvimiento del hombre se compara en muchos aspectos con el desarrollo de las especies en el mundo natural. En la vida vegetal y en el reino animal, las especies evolucionan desde los géneros más toscos hacia los más refinados. El origen de todo está en el reino de las ideas, un conocimiento de este hecho, acoplado a la fe en el poder que trabaja en lo invisible, hace al hombre superior a todas las demás manifestaciones de la Mente Divina. No obstante, el conocimiento de la ley de evolución mental no releva al hombre de la necesidad de transmutar los diversos tipos de hombres que él ha traído a expresión y de los cuales él es el epítome.

El hombre-Jehová está constantemente produciendo al hombre Adán y soplando en su nariz el aliento de vida. El hombre Adán existe en la subconciencia como una multitud de hombres: el sabio y el tonto, el bondadoso y el cruel, el amoroso y el rencoroso, el avariento y el generoso, el débil y el fuerte, el bueno y el malo, el vivaz y el insensible, el pobre y el rico, el tímido y el valeroso, el enfermo y el saludable, el viejo y el joven, el caprichoso y el sensato—éstas y miles de otras características personales se expresan a través de la conciencia individual de cada ser humano. Todo varón lleva dentro de sí a la hembra y toda hembra lleva dentro de sí al varón. La fisiología reconoce esta realidad, verificando así la narración del Génesis con respecto a la creación ideal del hombre como "varón y hembra" y su expresión en Adán y Eva, como varón y hembra en un mismo ser. El hecho se corroboró por el Gran Maestro cuando dijo: "¿No habéis leído que el que *los* hizo al principio, varón y hembra los hizo?"

"El *hombre* fuerte armado totalmente", a quien se refirió Jesús, es la fortaleza y estabilidad del hombre. En el hombre natural ésta se manifiesta como fortaleza física, pero en la regeneración el "hombre fuerte" es superado y sus posesiones se dividen o se donan a las otras facultades formando un núcleo alrededor del cual se concentran las fuerzas superiores. El hombre "más fuerte que él" que le quita "todas sus armas" en las cuales el hombre fuerte confiaba es la fortaleza espiritual. El vencimiento de Goliat por David ilustra la supremacía de lo espiritual sobre lo material. Goliat confió en su armadura, que representa el poder protector de la materia y de las condiciones materiales. David, la fortaleza espiritual, no tenía armadura o protección material. El poder de David se incrementó por la confianza en la inteligencia divina, a través de la cual vio el punto débil en la armadura de Goliat. Con la honda de su voluntad concentrada directamente en este sitio débil, envió un pensamiento que destrozó la frente del gigante. Este incidente ilustra lo fácil que es superar las condiciones aparentemente fuertes en lo personal y material, cuando la mente del Espíritu entra en acción.

David se sentía seguro de sí mismo, porque había matado al león que destruía sus ovejas. El león es la bestia en el hombre; cuando ésta se vence o, preferiblemente se transmuta en energía más refinada, el león se convierte en la poderosa fortaleza espiritual.

La vida de Sansón, según se declara en Jueces, indica las distintas tendencias de la fortaleza en la conciencia humana y su traición y final. Sansón realizó todo tipo de acrobacias, pero finalmente Dalila, una mujer filistea, le robó su fuerza, al rasurar su cabeza mientras él dormía sobre sus rodillas. El cabello representa vitalidad. Cuando el principio vital se separa del cuerpo, la fuerza se va con él. El cuerpo se debilita con la pérdida de su vitalidad y finalmente perece. Eva le robó su fortaleza a Adán en forma similar, y todo hombre que agota la esencia vital de su cuerpo por el placer de la sensación, derriba ciegamente la columna de su cuerpo-templo, como lo hizo Sansón.

El que confía en el Espíritu y conserva su sustancia vital, puede lograr la fortaleza suprema que Jesús demostró. La fortaleza del Espíritu es necesaria para la perpetuación del alma y el cuerpo y para vencer la muerte. "Porque hay eunucos que nacieron así del vientre de su madre; y hay eunucos que fueron hechos eunucos por los hombres; y hay eunucos que a sí mismos se hicieron eunucos por causa del reino de los cielos."

El cuerpo tiene muchos "cerebros locales" y centros nerviosos que funcionan dirigidos por la acción de la mente. Conscientemente, sólo usamos el cerebro localizado en la cabeza. Deberíamos aprender a pensar a través de cada célula en el organismo, y conscientemente dirigir toda función para estructurar el cuerpo. Cuando se ha logrado la habilidad para controlar estas múltiples funciones corporales dirigiendo el pensamiento hacia el centro cerebral que almacena la energía vital de cada facultad individual, entonces todo deterioro cesa, y el cuerpo se renueva perpetuamente.

La fortaleza que aquí se discute no es fuerza física solamente, sino fortaleza mental y espiritual. Toda fortaleza tiene su origen en el Espíritu; y el pensamiento y la palabra que se expresan en conciencia espiritual conducen a la manifestación. "El nombre de Jehová es una torre de fortaleza."

Crecemos hasta igualarnos a lo que idealizamos. Al afirmar o mencionar un principio espiritual poderoso, nuestra mente se identifica con ese principio; luego todo lo que él representa en el reino de las ideas se vierte sobre aquél que lo afirma.

Sed fuertes en el Señor, y en el poder de Su fortaleza es una afirmación fortificante para nosotros y otros. Sé constante, firme y determinado en pensamiento y establecerás tu fortaleza en mente y cuerpo. Nunca permitas que el pensamiento de debilidad penetre en tu conciencia; sino ignora siempre toda insinuación de debilidad y afirma que eres una torre de fortaleza, en lo interior y en lo externo.

El desenvolvimiento del hombre se efectúa bajo la ley espiritual. La Mente creadora no es solamente ley, sino que se gobierna por la acción de la ley que ella establece. Hemos pensado que el hombre surgió a expresión por el decreto o mandato de una gran Mente creadora que podía hacer y deshacer a capricho, o cambiar de opinión y declarar una nueva ley en cualquier momento; pero una clara comprensión de nosotros mismos y de la inmutabilidad de la Mente Divina nos conduce a la realización de que todo está fundamentado en una regla de acción, una ley que tiene que cumplirse tanto por el creador como por lo creado.

El desenvolvimiento del hombre no está originalmente bajo la ley física, porque ésta es secundaria. Hay una ley del Espíritu, y lo terrenal es solamente la expresión externa de algunos de los resultados de esa ley. Empezamos nuestra existencia como ideas en la Mente Divina; esas ideas se expresan, se desenvuelven y fructifican, y la expresión es la parte importante del crecimiento del alma.

La evolución es el resultado del desenvolvimiento de ideas en la mente. Lo que somos es

el resultado de la evolución de nuestra conciencia y esa conciencia es el resultado de
ideas-semillas sembradas en nuestra mente.
Cuando Froebel, el gran maestro de niños,
empezó su escuela primaria, pensó por mucho
tiempo antes de darle nombre. Un día el nombre surgió en su mente, "un jardín de niños";
así que llamó a su escuela "jardín de
infantes" ("kindergarten"). Puede que Froebel no visualizara la relación, pero al darle ese
nombre a sus sistema de educación para los
hijos de los hombres, él fue fiel al plan que se
menciona en Gen. 2:8. La humanidad es el jardín de Dios, del cual la tierra es la sustancia
omnipresente del pensamiento.

Jesús dice que la palabra es la semilla; El
ofrece ilustraciones de los diversos sitios
donde la semilla se siembra, y de los resultados de esa siembra. La semilla, o la Palabra
de Dios, se siembra en la mente de los hombres; estas ideas-semillas pasan a través de
muchos cambios, y producen una cosecha de
acuerdo a la capacidad del suelo que las
recibe. Si tú deseas hacer la voluntad de Dios,
el ejercicio de tu voluntad en unidad con la
Mente Divina, fortalece el poder de tu voluntad. Si tienes fe en las cosas invisibles, la
semilla de la fe crece en tu mente y tu fe se

aumentará. El hombre siembra en su mente toda palabra o idea de la Mente Divina, la que luego se desarrolla, de acuerdo a su receptividad. "Todo lo que el hombre sembrare, esto también recogerá." Así que todas las facultades que existen en la Mente Divina (los doce pilares del templo de Dios) se expresan en esta forma, a través de la mente y el cuerpo del hombre.

Algunos han argumentado que la Biblia es un tratado de fisiología. Es así, pero es aún mucho más; ella presenta al espíritu, alma y cuerpo como una unidad. Esta es la razón por la cual aquellos que han estudiado la Biblia desde el punto de vista puramente fisiológico no la han comprendido. Han buscado en ella descripciones de carne y hueso. En verdad esas cosas no tienen existencia real si no van acompañadas de vida e inteligencia; y la Biblia destaca ese hecho en muchos de sus símbolos.

Jesús, el Gran Maestro, quien sabía lo que en verdad era el hombre, empezó Su evolución con el Espíritu. El es el "Unigénito Hijo de Dios"; es el modelo que debes tratar de seguir, no solamente en el refinamiento espiritual y cultura del alma y cuerpo, sino en el desarrollo físico. Si deseas traer a expresión lo mejor que hay en ti, estudia los métodos de Jesús. Estúdialos en todos sus aspectos; trata de profundizar en el espíritu de todo lo que se ha escrito acerca de este hombre extraordinario y encontrarás la llave para el verdadero desenvolvimiento de tu alma y cuerpo. Si llevas a la práctica Su sistema, un hombre totalmente nuevo se te revelará; un hombre que nunca soñaste que pudiera existir oculto en los reinos internos de tu propia subconciencia.

CAPITULO IV

SABIDURIA—DISCERNIMIENTO

¿Cuál es más importante, la sabiduría o el amor? Después de un estudio prolongado del análisis del amor que presentó Pablo en el capítulo decimotercero de I de Corintios, Henry Drummond declaró que el amor es "*lo más grande en el mundo*". Su conclusión se basa en las virtudes del amor que divulgó Pablo. Si la sabiduría hubiese contado con un defensor tan bueno como el del amor, el autor de *Lo más grande del mundo*, tal vez no habría estado tan seguro de sus argumentos. No se necesitan pruebas para demostrar que el amor triunfa donde todo lo demás fracasa, pero a pesar de su poderío, éste comete aún muchos desaciertos. El amor hará cualquier y todos los sacrificios necesarios por el objeto amado; por otra parte se deja seducir y en su búsqueda ciega por el placer va cayendo de mal en peor. Fue esta clase de amor, el que causó la caída de Eva bajo el hechizo de la sensación, cuyo símbolo es la serpiente. Ella vio que el fruto del árbol era "agradable a la vista". En vez de obedecer a la sabiduría que le hubiese enseñado cómo usar la vida, se entregó al placer de vivir. Desde entonces, y como resultado del amor ciego de Eva, hemos conocido el placer y el dolor, el bien y el mal.

¿Qué clases de personas seríamos si Eva y Adán hubieran obedecido al Señor de la sabiduría en lugar de obedecer al sentido del amor? Esta pregunta es una de las más importantes que cualquiera puede hacerse. Ello ha sido motivo de discusión por siglos y siglos. Tiene una respuesta doble. Aquellos que obtengan la primera, la reclamarán como la correcta y los que logren la segunda asegurarán que no puede haber otra conclusión. La pregunta gira sobre un punto y éste es: ¿Debe uno sufrir la experiencia del mal para poder apreciar el bien? Si el hombre pudiera conocer toda la sabiduría y el gozo del Infinito, no tendría la necesidad de experimentar lo opuesto. Pero ¿tenemos que sufrir el dolor antes de poder disfrutar del placer? ¿Acaso el niño que se quema la mano en una estufa caliente desarrolla una conciencia mayor de salud cuando su mano se sana? ¿Ha aprendido él algo más acerca de las estufas? Se pueden ofrecer innumerables ilustraciones de esta clase para demostrar que, a través de la experiencia, aprendemos las relaciones existentes entre los objetos en el mundo fenomenal. Pero si aplicamos esta regla a las ciencias que se rigen por leyes absolutas, es evidente que no se necesita conocer lo negativo. Para ser un experto en matemáticas no es necesario cometer errores. Mientras más fielmente se siguen las reglas en las ciencias exactas, más fácilmente y con mayor éxito se realizan las demostraciones. Esto prueba que mientras más uno se acerca a lo absoluto o aspecto causal de la existencia, mayor es su comprensión de que la sabiduría y el orden prevalecen y que aquél que se establece en la sabiduría y el orden gobierna por conducto de ellos.

Dios sabe que existe un gran negativo que es un reflejo de Su positivo, pero El no está *consciente* de su existencia. Sabemos que hay un bajo mundo del mal, en el cual todas las leyes de vida civilizada se infringen, pero no estamos conscientes de ese mundo porque no entramos en él. Una cosa es considerar el mal como algo separado de nosotros y absolutamente otra es entrar en la conciencia del mal. En la alegoría de Adán y Eva, el hombre y la mujer fueron aconsejados por la sabiduría para que no "comieran" (no entraran en la conciencia del fruto del árbol del conocimiento del bien y el mal.) Pero el placer de la sensación (la serpiente) los tentó y ellos comieron.

La sensación, el sentimiento, el afecto y el amor, están íntimamente relacionados. En la alegoría Edénica, la serpiente representa la sensación, la más astuta de las bestias del campo (fuerzas animales que tienen vida en la sustancia.) La sutileza de la sensación consiste en sus diversas maneras de producir placer; en la excitación provocada por la unión de la mente y la materia en el éxtasis de la vida. Cuando se satisface el deseo por los placeres de la sensación y se ignora la guía de la sabiduría, se establece un estado de conciencia que considera el universo material como la única realidad. El Señor, la cualidad de sabiduría en el hombre, le habla en "el aire del día". En el fuego de la pasión y el goce del placer, el hombre no escucha la "voz suave y callada", pero en el "aire del día", esto es, cuando él se refresca, reflexiona; escucha la voz de la sabiduría y juicio diciéndole: "¿Dónde estás, Adán?"

El "gran día del juicio"—que se ha localizado en alguna época irrevocable en el futuro, cuando todos hemos de comparecer ante el juez del mundo para recibir castigo por nuestros pecados—es todos los días. Los traductores de la Versión Autorizada y de la "Standard American Version" del Nuevo Testamento son responsables del espantajo del "gran día del juicio". Cada vez que Jesús mencionó el juicio, El dijo "en un día de juicio", pero los traductores cambiaron *un* por *el*, haciendo aparecer el tiempo de juicio en algún punto definido en el futuro, en vez de las consumaciones repetidas de causas que ocurren en las vidas de los individuos y las naciones. Sabemos que constantemente se nos juzga por infringir las leyes físicas y morales. Pero detrás de éstas rige la ley espiritual, la cual toda la raza ha desobedecido y por lo que todos sufrimos. Fue para reparar los resultados de esta desobediencia a la ley espiritual que Jesús encarnó.

Cuando despertamos a la realidad de nuestro ser, la luz empieza a surgir en nuestro interior y sabemos la verdad; éste es el avivamiento de nuestra facultad de juicio (Santiago). Cuando ocurre este avivamiento, nos encontramos discriminando entre el bien y el mal. Ya no aceptamos por más tiempo las normas de la raza o las enseñanzas de los sabios del mundo, sino que "juzgamos con juicio recto"; sabemos por intuición interna y juzgamos a los hombres y los acontecimientos desde una nueva perspectiva. "El conocimiento viene pero la sabiduría persiste", canta el poeta. Esto se refiere solamente al desarrollo intelectual. Cuando el hombre enciende su luz interna, dirige la palabra de autoridad a sus facultades subjetivas. Jesús representa la conciencia Hijo-de-Dios, en el hombre; a quien se le concedió el dominio sobre toda la tierra. El hombre Hijo-de-Dios es totalmente espiritual y usa pensamientos, palabras y leyes espirituales en todo lo que hace.

Cuando Jesús llamó a los Doce, El les habló silenciosamente a las facultades que gobiernan y dirigen las funciones de la mente y el cuerpo. Cuando llamó a Pedro, a Santiago y a Juan, en Su conciencia hubo un avivamiento de la fe, el discernimiento y el amor. Estos tres se mencionan más a menudo que Sus otros apóstoles, porque son indispensables en la expresión de un hombre bien equilibrado. Andrés (fortaleza) estaba también entre los primeros que El llamó; representa la estabilidad que sirve de fundamento a toda persona verdaderamente recta.

"Santiago el Justo" fue el título que los historiadores adjudicaron al primer obispo de Jerusalén. Hubo muchos Santiagos entre los primeros seguidores de Jesús, y hay ciertas dudas con respecto al hecho de que posiblemente Santiago el Justo y Santiago Apóstol fueran una misma persona.

Un análisis de la naturaleza triple del hombre revela que en cada plano hay cierto grado de poder de reflexión y de discernimiento de la mente y sus pensamientos. En el cuerpo, se llega a conclusiones a través de la experiencia; en el intelecto, se asume que la razón es el árbitro que resuelve toda duda; en el Espíritu, la intuición y la inspiración proveen la respuesta rápida y segura a todos los problemas de la vida. Jesús fue el más grandioso de todos los maestros del hombre, porque comprendía todo el conocimiento desde lo más elevado hasta lo más sencillo y humilde. El no condenó los sentidos; no los acusó de caer en el "error" (por ser limitados en su nivel de visión), sino que los levantó al Espíritu. Llevó a Pedro, Santiago y Juan, hacia la montaña y se transfiguró ante ellos. Cuando reconocemos las posibilidades espirituales de que nos ha dotado la Mente Omnipotente, somos levantados y todas las facultades que hemos "llamado" se levantan con nosotros. "Yo, si fuere levantado en alto, sobre la tierra a todos atraeré hacia mí." (Diaglott)

La sabiduría, la justicia y el discernimiento se agrupan bajo una misma dirección en la conciencia espiritual. Webster declara, en realidad, que el fundamento de la razón en una decisión, que hace de las conclusiones *conocimiento*, se halla en el vínculo que unifica los conceptos. En la religión se acepta el postulado de un juicio a través de la percepción directa de la ley divina.

Salomón (Sol-o-mon), el hombre sol o el hombre del plexo solar, al preguntarle el Señor qué dádiva deseaba, prefirió la sabiduría a las riquezas y honores; luego recibió todas las otras cosas por añadidura. Salomón fue además un gran juez. El poseía una intuición poco común y la usaba liberalmente para impartir sus fallos o decisiones. No apoyaba sus investigaciones en simples hechos, sino que buscaba esclarecer las motivaciones internas. En el caso de las dos mujeres que reclamaron al mismo infante, ordenó a uno de sus ayudantes traer una espada y cortar en dos al niño para dar la mitad a cada una. Por supuesto, la verdadera madre le suplicó que no lo hiciera y él supo en seguida que ella era la madre.

El recurrir a la naturaleza afectiva del hombre en su más elevado aspecto para llegar a decisiones, está en armonía con la ley divina. Hemos pensado que no era seguro confiar en nuestros sentimientos para guiarnos en asuntos importantes. Pero el discernimiento espiritual nos revela que el poder de sabiduría intuitiva en el hombre tiene su centro de acción en el corazón. Las vestiduras que usaban los sumos sacerdotes judíos tenían doce joyas representando los doce poderes de la mente. Para el sumo sacerdote era motivo de gloria el discernimiento fácil de la ley. A Jesús se le llama el sumo sacerdote de Dios, y todo hombre lleva el nombre de Jesús, escrito con mayúscula o minúscula, de acuerdo a su percepción de sí mismo como Hijo-de-Dios.

La intuición, el juicio, la sabiduría, la justicia, el discernimiento, el conocimiento puro y la comprensión profunda son naturales al hombre. Todas estas cualidades y muchas otras nos pertenecen a todos, por y a través de nuestra divina filiación. "¡Yo dije: Vosotros sois dioses, y todos hijos del Altísimo!" proclama el Cristo en nosotros. Pablo visualizó a Cristo esperando a la puerta de cada alma, cuando escribió: "Despierta, tú que duermes, y levántate de entre los muertos, y te alumbrará Cristo".

Un aceleramiento de nuestra facultad de juicio divino, despierta en nosotros al juez del mundo entero. "La sabiduría que viene de lo alto es primero pura, luego sosegada." Cuando llamamos a la acción a este recto juez, descubrimos que nuestras normas de bien y mal pasan por cambios rápidos pero si nos sostenemos firmemente en el Señor como nuestro guía supremo, seremos dirigidos hacia la rectitud.

Muchas personas dudan que haya una ley de justicia infinita trabajando en todas las cosas; dejemos que ellas ahora desarrollen nuevo valor y comprendan que esta ley no ha trabajado antes en sus asuntos porque ellas no la han "llamado" a la acción en el centro creativo de su alma. Cuando llamamos nuestras fuerzas internas a la acción, la ley universal empieza su gran obra en nosotros y todas las leyes, tanto las grandes como las pequeñas se alínean y trabajan para nosotros. Nosotros no hacemos la ley; la ley *es,* y fue establecida para beneficio nuestro antes de formarse el mundo. Jesús no hizo la ley de salud cuando sanó a las multitudes; Él sencillamente la llamó a expresión logrando que los que habían pasado por alto su existencia, la reconocieran. Detrás de cada juez está la ley que él interpreta. Aun los que están a cargo de hacer cumplir las leyes de los hombres reconocen este hecho. Blackstone dice que el fallo, aunque pronunciado y otorgado por los jueces, es en efecto, la resolución y sentencia de la ley, no del juez. Por lo tanto, nosotros que estamos llevando hacia adelante el cumplimiento de la ley como fue iniciado por Jesús, debemos reconocer a través de la sabiduría, que la ley existe ya en toda su plenitud aquí mismo, y espera que nos identifiquemos con ella, permitiéndole cumplir su rectitud en nosotros y todo el mundo.

"Yo soy la vid y vosotros los pámpanos." En este símbolo Jesús ilustró una ley universal para todos los organismos. La ley de la vinicultura es válida en el cuerpo del hombre. El centro de identidad radica en la cabeza y sus actividades se distribuyen a través de los nervios y del fluido nervioso a las diversas partes del cuerpo. Los doce Apóstoles de Jesucristo representan los doce subcentros primordiales en el cuerpo del hombre. Un estudio de la mente y el cuerpo del hombre revela esta ley.

Aun los fisiólogos, quienes consideran el cuerpo como un simple organismo físico, ven ciertas concentraciones de células cuyo propósito según sus conclusiones no es otro que la distribución de la inteligencia. Los que estudian al hombre como mente, consideran estas concentraciones de células como avenidas para la manifestación de ciertas ideas fundamentales. Las llamamos los doce poderes del hombre, y las identificamos en la conciencia con los Doce Apóstoles de Jesús, ubicados en doce casas, aldeas, cuidades o centros en el cuerpo a través de los cuales ellos actúan.

La sabiduría incluye juicio, discernimiento, intuición, y todos los departamentos de la mente que agrupamos bajo la dirección del conocimiento. La casa o trono de este sabio juez está en el centro nervioso que llamamos plexo solar. El hombre común lo llama la boca del estómago. La inteligencia que dirige este centro sabe lo que está sucediendo en aquella parte de la conciencia que se relaciona con el cuerpo y sus necesidades. La química es su especialidad; sabe además todo lo que atañe a las sensaciones del alma y el cuerpo. En su expresión más elevada se unifica con la luz blanca del Espíritu que funciona en la parte superior del cerebro. En el plexo solar se consuma la unión de la sabiduría y el amor. El apóstol Santiago está a cargo de este centro. Se podrían escribir volúmenes para explicar las actividades que desarrolla este poder para construir y preservar el cuerpo del hombre. Cada trocito de alimento que llevamos al estómago debe tratarse química e inteligentemente, en este centro, antes de distribuirlo a los muchos miembros del cuerpo que dependen de la sabia decisión de este centro para suplirles el material para construir huesos, músculos, nervios, ojos, oídos, pelo y uñas—de hecho, todas las partes del organismo. Cuando estudiamos el cuerpo y sus múltiples funciones vemos cuánto depende de la inteligencia y habilidad de Santiago, quien funciona a través del plexo solar.

Cuando el hombre empieza a seguir a Jesús en la regeneración, descubre que debe cooperar con el trabajo de los discípulos o facultades. Hasta aquí ellas han funcionado dirigidas por la ley natural; han sido pescadores en el mundo natural. A través del reconocimiento de su filiación como el Hijo de Dios, el hombre coopera con la ley creativa original y levanta sus facultades de la materialidad a la espiritualidad. Este proceso está simbolizado por el llamamiento de Jesús a Sus apóstoles.

Llamar a un discípulo es reconocer mentalmente ese poder; es identificarnos con la inteligencia que trabaja en un centro—por ejemplo, discernimiento en el plexo solar. Para llegar a esta identificación uno debe comprender su unidad con Dios a través del Cristo; Cristo es la idea de Hijo-de-Dios que existe siempre en la conciencia superior del hombre. Este reconocimiento de nuestra filiación y unidad con Dios es fundamental en todo crecimiento verdadero. Cristo es la puerta hacia el reino de Dios. Jesús, en una ocasión, explicó el reino como un redil. Si el hombre trata de entrar a este reino por otra puerta que no sea la del Cristo, es un ladrón y un ratero. Solamente a través del Cristo es que podemos activar espiritualmente nuestros doce poderes. Si tratamos de comprender este propósito por cualquier otro medio, el desenvolvimiento de nuestra alma será anormal, caótico e ilícito.

Después de identificarte con Dios a través del Cristo, centra tu atención en la boca del estómago y afirma:

La sabiduría de la Mente crística activa aquí a través de mi reconocimiento de Cristo se identifica y unifica con Dios. La sabiduría, el juicio, la discriminación, la pureza y el poder se expresan aquí y ahora en la belleza de la santidad. El discernimiento, la rectitud y la paz de la Mente de Cristo ahora armonizan, dirigen sabiamente y establecen con seguridad el reino de Dios en Su templo, mi cuerpo. La paz de Dios se establece aquí y dejan de existir en mí los pensamientos discordantes, contenciosos e inarmónicos, y el león y la oveja (el valor y la inocencia) comparten el trono del dominio con la sabiduría y el amor.

CAPITULO V

AMOR REGENERADOR

No llegaremos a comprender la relación entre lo manifestado y lo no manifestado hasta que establezcamos claramente en nosotros cuál es la naturaleza del Ser original. Mientras pensemos en Dios en términos de la personalidad, no llegaremos a comprender la relación que existe entre el hombre y Dios.

Por lo tanto, desechemos el pensamiento de que Dios es un hombre o aun un superhombre, exaltado por sobre toda característica humana. Mientras exista en la conciencia humana el concepto Dios-hombre, persistirá en ella la falta de espacio para el verdadero concepto, que es que Dios es la Causa Primaria, el Principio del cual fluyen todas las manifestaciones. Para comprender las condiciones complejas bajo las que existe la familia humana, debemos analizar al Ser y sus procesos creativos.

Inherentes en la Mente del Ser hay doce ideas fundamentales, las cuales en acción, aparecen como fuerzas primordiales creativas. El hombre puede unirse a, y utilizar estas fuerzas originales y por medio de ellas cooperar con la ley creativa, pero para lograr esto, tiene que desprenderse por completo de ellas y entrar en la plena conciencia de las ideas subyacentes.

En las Escrituras las ideas originales en la Mente del Ser se llaman "hijos de Dios". Que la forma "hijo" se propone incluir a ambos el masculino y femenino, se infiere del contexto y, en efecto, de toda la historia de la raza. El Ser en sí mismo tiene que ser masculino y femenino, para crear al hombre a su imagen y semejanza, "varón y hembra".

Al analizar estas ideas divinas o hijos de Dios, encontramos que ellas manifiestan características que fácilmente identificamos como masculinas y femeninas. Por ejemplo, la vida es un hijo de Dios, mientras que el amor es una hija de Dios. El intelecto es un hijo de Dios y la imaginación es una hija de Dios. La evidencia de que el sexo existe en el reino vegetal y animal es tan clara que nunca se pone en duda, pero no hemos discernido con la misma claridad que las ideas también son varón y hembra. La unión de las fuerzas masculinas y femeninas en el hombre es más poderosa en la naturaleza afectiva, y que estas fuerzas deben perdurar y nunca separarse por causas externas fue establecido por Jesús como una ley. El dijo como se indica en Marcos 10:6-9:

Pero al principio de la creación, varón y hembra los hizo Dios. Por esto dejará el hombre a su padre y a su madre, y se unirá a su mujer, y los dos serán una sola carne; así que no son ya más dos, sino uno. Por tanto lo que Dios juntó, no lo separe el hombre.

Deberíamos comprender claramente que cada una de las diversas ideas, o hijos e hijas de Dios, tiene identidad, y la creación está esforzándose a través del poder divino por traer a expresión sus atributos inherentes. Es a estas ideas, o hijos e hijas de Dios, que el Ser o Elohim, les dice: "Hagamos al hombre a nuestra imagen y conforme a nuestra semejanza". (Gen. 1:26).

El hombre espiritual es la suma total de los atributos o ideas perfectas del Ser, identificado e individualizado. Este hombre es el "unigénito" de Elohim. Jehová, o YO SOY EL QUE SOY, es el nombre de este hombre divino. El se manifestó como el ser superior de Jesús, y en las Escrituras se le llama el Cristo. Jesús lo llamó el "Padre en mí"; en el libro de Mateo, El lo llamó "Padre" más de cuarenta veces. Cristo es nuestro Padre; a través de El, Elohim o el Ser original crea a todos los seres humanos. Fue Jehová, o YO SOY, quien formó a Adán del polvo de la tierra y sopló en su nariz el aliento de vida. La respiración es el símbolo de la inspiración. Jesús sopló sobre Sus discípulos, y les dijo: "Recibid el Espíritu Santo".

Tres fuerzas primordiales del Ser se manifiestan en la más sencilla de las células protoplásticas. La ciencia dice que todo átomo tiene sustancia, vida e inteligencia. Esto corresponde con el proceso creativo simbólico de Jehová, según se describe en Gen. 2:7. El "polvo de la tierra" es la sustancia; "sopló" se refiere el impartir inteligencia, y el "alma viviente" es el aceleramiento de la vida. Estas tres constituyen la trinidad en el mundo natural, en el cual se moldea el cuerpo del hombre. Cuando uno comprende los procesos creativos como el trabajo de los múltiples principios del Ser en el desenvolvimiento del hombre, muchas situaciones inexplicables se clarifican. Dios no puede producir fuera de la ley y orden. Para producir un hombre, debe existir una combinación de fuerzas que, en ciertas etapas de la evolución del alma, aparentemente trabajan unas contra otras, pero cuando comprendemos que la gran Mente creadora produce bajo la dirección de la ley, la reconciliación y la consistencia se establecen donde la inarmonía y contradicción parecían ejercer dominio.

De todas las hijas de Dios, la idea del amor es indudablemente la más hermosa, seductora y fascinante. Ella es por naturaleza excesivamente tímida y modesta, pero cuando se estimula es intrépida y valiente en extremo. El amor maternal es tan fuerte como la vida y hará toda clase de sacrificio para proteger a su prole. Este aspecto sincero, abnegado del amor indica un espíritu más profundo y más fuerte que el del animal o del ser humano, y por lo tanto, nos vemos forzados a aceptar que es divino. Por esta razón el amor maternal se exalta al primer puesto en nuestro análisis de esta gran pasión. Pero las madres deben ser cuidadosas para no incorporar el egoísmo humano en el amor divino que se expresa en y a través de ellas.

La expresión más generalizada del amor en el mundo es el amor entre los hombres y las mujeres. También en este caso el amor es mal interpretado por esa causa lo hemos obligado a actuar de maneras artificiales. Además le hemos impuesto acciones que le son abominables. No obstante, bajo el poder apremiante del hombre, el amor no ha podido actuar de otro modo. Aquí mismo hay una urgente necesidad de un juicio más puro del amor y su ajuste correcto en la relación más sagrada que existe entre el hombre y la mujer, El amor es de Dios, y se le otorga al hombre en su pureza virginal. Es la pura esencia del Ser que une a toda la familia humana. Sin amor perderíamos el contacto con nuestra madre tierra, y al perderlo, volaríamos hacia el espacio exterior para perdernos en la nebulosa de los mundos aún no creados. El hombre mortal ha llamado amor a la "fuerza de gravedad". Los brazos invisibles del amor nos sostienen unidos fuertemente al seno prolífico de nuestra madre tierra, donde encontramos el hogar más dulce de todo el universo. Todo el amor al hogar se basa en el amor innato del hombre por este planeta. Cuando John Howard Payne escribió "Hogar, Dulce Hogar", se inspiró en el amor material para cantarle a la única morada de esta raza—nuestra amada madre tierra.

El Edén original de la familia humana fue sembrado por Dios en esta tierra, y aún está aquí. Su prototipo está dentro del alma del hombre, pero no hemos entrado en él porque no hemos comprendido la relación que existe entre el amor y la sustancia original del Ser, de la cual se forman todas las cosas.

No es una tarea tan grande hablar de los más elevados aspectos del amor, pero ¿quién será el defensor del amor sumergido y asfixiado por el egoísmo en la conciencia humana? Tú dices: "Esto no es amor, sino pasión y lujuria". Pero debemos recordar que hemos establecido, como un principio fundamental, que Dios es amor y como hay un sólo Dios, solamente puede haber un amor. Si esto es verdad, debemos hallar un sitio en la ley creativa para toda manifestación, a pesar de sus aparentes contradicciones sobre la rectitud de la Causa Original.

En la relación matrimonial el amor se sumerge o se hunde en la conciencia sensorial del hombre y la mujer, y como consecuencia de esto una gran desdicha abruma al mundo. El matrimonio debería ser un perpetuo festín de amor, y lo sería si se cumplieran las leyes del amor. El noviazgo es generalmente la experiencia más gozosa en la vida del hombre y la mujer, porque el amor se conserva libre de la lascivia.

Si las leyes conyugales se comprendieran mejor, la dicha del noviazgo continuaría a través de los años de vida matrimonial y los divorcios se eliminarían. Es un hecho bien conocido para los psicólogos que la mayor parte de las desavenencias entre esposos y esposas resultan de infrigir las leyes del sexo. Este pecado que culmina en la debilidad y desintegración final del organismo se ilustra simbólicamente en los primeros capítulos del Génesis en lo que llamamos la caída del hombre. Adán y Eva representan los poderes no desarrollados en cada individuo. La serpiente representa la sensación, la cual se combina con la vida y la sustancia en todos los organismos vivientes. El deseo por el placer y por un medio aparentemente rápido y fácil de adquirir sabiduría, tienta a la mujer y ella come o se apropia. El hombre también come. En el "aire del día" (después que el fuego de la pasión se extingue) ambos descubren que están desnudos. Han disfrutado del placer por el placer mismo, lo cual es contrario a la ley del Ser. Todas las cosas deben efectuarse con un

propósito y el placer deber ser sólo un conco-
mitante. El placer le provee sabor a toda actividad pero nunca debe exaltarse al sitio elevado en la conciencia.

Entregarse al sexo simplemente por capricho es comer o apropiarse de la pura sustancia que penetra todo el sistema nervioso, el
cual se compara apropiadamente con un árbol. Este exceso de placer es tarde o temprano seguido por una reacción equivalente,
que es destructiva, y el cuerpo clama con
dolor. Al placer le llamamos "bien" y al dolor
"mal". Esta es en síntesis una explicación de
lo que significan las palabras "comer del árbol del conocimiento del bien y el mal".

Cuando la sustancia en el organismo se conserva y se retiene, los nervios se cargan con
una energía espiritual, que se mueve como el
relámpago a través de un organismo lleno con
la sustancia virginal del alma. Cuando en la
ignorancia de la sensación, los hombres y las
mujeres agotan su sustancia, el color sonro-
sado de sus mejillas y el brillo de sus ojos se
desvanecen. Entonces el beso y el contacto
íntimo que eran tan gratos se tornan fríos y
sin vida.

En la conservación de esta pura sustancia
de vida se oculta el secreto del rejuveneci-

miento del cuerpo, la resurrección física y la final perpetuación de todo el organismo en su pureza transmutada. (Juan vio a Jesús en este estado de pureza, según se describe en Apocalipsis 1:12-16). Ningún hombre puede por su propio poder alcanzar este estado de exaltación, pero por el amor de Dios, según lo demostró Jesús, esto es asequible para todos. "Porque Dios amó tanto al mundo, que nos dio su Hijo Unigénito, de modo que todo aquél que en El cree no perezca, mas tenga vida eterna."

La regeneración no es posible sin amor. Así como por la unión de los elementos masculino y femenino se produce el nuevo cuerpo del infante, así también por la unión de las fuerzas creativas del Espíritu en almas armonizadas a través del amor, se forma rápidamente el nuevo cuerpo en Cristo. El trabajo puede hacerse a través del esfuerzo individual, y siempre debe haber acción constructiva continua, entre las facultades masculinas y femeninas del alma y el cuerpo; pero es necesaria la unción con la preciosa esencia femenina del divino amor para lograr la gran demostración. La mujer que ungió la cabeza y los pies de Jesús "amó mucho" y Jesús dijo que lo que ella hizo se recordaría dondequiera que el

Evangelio se predicara en el mundo entero. Esta representación simbólica del vertimiento en el varón del amor puro de su compañera es una directriz para todas las mujeres. En todo el mundo, el amor oculto del género femenino está clamando por liberación del dominio sensual del hombre. El remedio es: Ungir, con el amor del Cristo, la cabeza (voluntad) del hombre y sus pies (comprensión) y él será purificado y satisfecho. No se necesita pronunciar una sola palabra para efectuar el cambio. Si en quietud y confianza se afirma la presencia y el poder del amor divino, la ley se cumplirá.

El amor sumergido en la sensación aún conserva el recuerdo de su virginidad, y repele y se resiste a los asaltos de la lujuria. Algunas de las enfermedades más terribles se atraen al cuerpo por el mal uso del amor. Este no es el camino de la libertad; a través de un agarre firme a la única Presencia y único Poder, el hijo del hombre se levantará, como Moisés levantó la serpiente en el desierto.

La sabiduría y el amor unidos se describen simbólicamente en las Escrituras como el "Cordero sacrificado desde la fundación del mundo". (V.A.). Pero ahora los hombres y las mujeres están estudiando las leyes del Ser, y

ORACION MATUTINA

Señor, en la quietud de esta hora matinal
Vengo a Vos en busca de paz, sabiduría y
poder
Para ver el mundo con ojos compasivos;
Para ser paciente, comprensivo, bondadoso,
sabio;
Y ver más allá de la apariencia a Vuestros hijos
Como Vos los véis, y así
Sólo lo bueno encontraré en ellos;
Haced mi oído sordo a la murmuración y la
mentira;
Mi lengua muda a la maledicencia;
Llenad mi mente sólo de pensamientos que
bendigan;
Hacedme tan bondadoso, tan lleno de alegría,
Que todo el que se acerque sienta de Vuestra
presencia la armonía.
Envolvedme en Vuestro manto de belleza, esto
Os ruego,
De suerte que revele Vuestra presencia
A través de mi alma, Señor, todo este día.
Amén

Ella Syfers Schenck

hasta cierto punto, están tratando de acatarlas en la relación matrimonial. En vez de sumergir el amor en la lascivia, los hijos de la luz conservan su pureza virginal y caminan de la mano hacia el amanecer de un nuevo orden, en el cual se producirá la multitud de almas que esperan en cierto modo oculto ahora, pero que se revelará cuando el amor se redima.

No lo llames amor, porque el amor al cielo
     voló
  Desde que la sudorosa lujuria en la tierra
     su nombre usurpó;
Bajo cuya inocente semblanza de fresca
     belleza
  se ha nutrido, de culpa mancillándola;
La que el feroz tirano mancha y pronto
     aflige;
  Cual las orugas a las tiernas hojas.

El amor conforta como rayo de sol tras de
     la lluvia,
  Mas la lascivia tempestad es después del
     sol;
El manantial tierno del amor siempre fresco
     permanece,
  El invierno de la lujuria llega antes de

mediar el verano;
El amor no se harta, la lujuria como glotón
   perece;
El amor es todo verdad, la lascivia, plena
de mentiras forjadas yace.

—Shakespeare

CAPITULO VI

PODER—DOMINIO— SUPREMACIA

El hombre no ejercita el poder de su naturaleza espiritual porque carece de comprensión de sus características y de su relación con la Mente original en la cual él existe. De la Mente Divina el hombre hereda poder sobre las fuerzas de su mente—en verdad, poder sobre todas las ideas. Un aceleramiento de lo alto debe preceder a la realización por el hombre de su innato control del pensamiento y el sentimiento. El bautismo del Espíritu Santo es un aceleramiento de la naturaleza espiritual que se refleja en el intelecto y el cuerpo. Cuando uno comprende la ciencia del Ser está preparado para recibir este bautismo y utilizarlo en conformidad con líneas más profundas de pensamiento. Jesús había enseñado a Sus apóstoles y seguidores, y ellos estaban preparados para el bautismo que recibieron en el día de Pentecostés.

"Vosotros recibiréis poder, cuando el Espíritu Santo haya venido sobre vosotros." El poder es esencial para el trabajo que Jesucristo espera que Sus seguidores realicen en el extenso campo de la humanidad. El mandato es: "Id a todas las naciones y predicad el evangelio". El hombre debe aplicar el poder de la palabra a su salvación individual y hablar la palabra redentora del Espíritu a los innumerables pensamientos que habitan en su cuerpo y su alma.

Entre los apóstoles de Jesús, Felipe representa la facultad del poder de la mente. La palabra "Felipe" significa "aficionado a los caballos". En actividad física el caballo representa poder; el buey, fortaleza. Cada una de las doce facultades fundamentales del hombre tiene un ego que refleja, en cierta medida, la idea original del hombre en Dios. En la conciencia corporal los doce apóstoles, como egos, tienen doce centros, o tronos, desde los cuales ejercitan su poder. La voluntad expresa su dominio desde la cabeza; el amor, desde el pecho; y el poder (el ego cuyas características estamos analizando en este capítulo), desde la garganta. El poder es una rama del gran árbol que en el Génesis se ha llamado "vida". El cuerpo del árbol de la vida es la médula espinal sobre la cual el sistema nervioso motor, con ramificaciones hacia todas las partes del organismo, distribuye su energía nerviosa.

El centro del poder en la garganta controla todas las energías vibratorias del organismo. Este centro es la puerta abierta entre los *mundos informes* y *formados* de vibraciones pertenecientes a la expresión del sonido. Toda palabra que se expresa recibe su carácter específico de la facultad de poder. Cuando Jesús dijo: "Las palabras que os he hablado son Espíritu, y son vida", quiso decir que a través de la palabra hablada comunicaba una cualidad interna de aceleramiento espiritual que entraría en la mente del que la recibiera despertando al espíritu inactivo y la vida. Cuando la voz se ha unido con la vida del alma, adquiere una dulzura y profundidad que uno siente y recuerda; la voz que carece de esta unión es metálica y superficial. El cultivo de la voz puede darnos brillantez de tono, pero todo gran cantante tiene el contacto con el alma. Pero aún más elevada y profunda es la voz de aquél que ha logrado unirse al Espíritu y puede decir con Jesús: "El cielo y la tierra pasarán, pero mis palabras no pasarán".

Cuando comprendemos este poder de la palabra, tenemos la llave para la perpetuidad de las Escrituras Sagradas. De acuerdo con la tradición, todas las Escrituras de la Biblia fueron destruidas, pero las restauró Esdras, quien "recordaba en su corazón" y las reescribió. Descubrimientos modernos en el reino de la mente explican hasta cierto punto esta afirmación mística. Sabemos ahora que toda palabra que el hombre pronuncia se imprime en el éter astral, y que cuando en la mente del que habla hay conciencia de la vida de Dios, todas sus palabras se convierten en entidades vivientes que se inmortalizan. Cualquiera que desarrolla suficiente poder espiritual puede entrar en este libro de la vida dentro de la mente cósmica y leer de sus páginas.

La mente y el cuerpo del hombre tienen el poder de transformar energía de uno a otro plano de conciencia. Este es el poder y dominio implantado en el hombre desde el principio. De acuerdo con las Escrituras, "Dios dijo: Hagamos al hombre a nuestra imagen y semejanza; y ellos tendrán dominio sobre los peces del mar, y sobre las aves del cielo, en las bestias, en toda la tierra, y sobre todo animal que se arrastre sobre la tierra". (Gen. 1:26; traducción Lesser). Pablo corrobora esta afirmación llamando la atención hacia la gloria de la herencia del hombre:

Alumbrando los ojos de vuestro entendimiento, para que sepáis cuál es la esperanza a que El os ha llamado, y cuáles las riquezas de la gloria de su herencia en los santos, y cuál la supereminente grandeza de su poder para con nosotros los que creemos, según la operación del poder de su fuerza, la cual operó en Cristo, resucitándolo de entre los muertos y sentándole a su diestra en los lugares celestiales, sobre todo principado y autoridad y poder y señorío, y sobre todo nombre que se nombra, no sólo en este siglo, sino también en el venidero. (Efe. 1:18-21)

En el reino de Dios en la conciencia del hombre la facultad de poder desempeña una parte importante controlando la expresión de muchas emociones, inspiraciones y pensamientos. La voz es la ruta más directa de esta expresión, cuando el hombre tiene dominio sobre las emociones y sentimientos de los cuales procede el impulso original. El poder del amor hace la voz rica, cálida y dulce, el hombre puede liberar el amor en su alma cultivando una actitud amorosa hacia todos y todo; puede añadir fortaleza pronunciando en silencio palabras de fortaleza a cada uno de los apóstoles sentados en los doce tronos ubicados en su interior. El poder abre todas las puertas de la mente y del cuerpo. Cuando uno se siente lleno de vitalidad y energía, su voz es fuerte, vibrante y brillante. Cuando uno está acongojado, el cuerpo se debilita y la voz delata su deficiencia por su entonación pesarosa. A través de las vibraciones de poder en la garganta, percibimos el poder de unidad con nuestro ser superior, más rápidamente que en ninguna otra forma. Esto nos revela que las ideas gobiernan al hombre. Jesús afirmó: "Todo poder se me ha dado en el cielo (mente) y en la tierra (cuerpo). (V.A.) Cuando Jesús hizo esta afirmación, comprendió indudablemente Su dominio espiritual innato, y cuando armonizó conscientemente Su identidad espiritual con Su mente y cuerpo, surgió en El un influjo consciente de poder, y Sus oyentes declararon que El "les enseñó con autoridad y no como los escribas".

En el proceso de la regeneración, la conciencia de poder sube y baja, porque las viejas y nuevas corrientes de pensamiento trabajan y reaccionan en los reinos conscientes y subconscientes de la mente. No obstante, cuando un discípulo comprende su unidad con la Omnipotencia, se inquieta muy poco por los cambios que se efectúan en su mente y cuerpo: él sabe que su dominio espiritual se ha establecido y que la firme convicción se expresa en palabras firmes. Jesús dijo: "El cielo y la tierra pasarán, pero mis palabras no pasarán". Esta es la evidencia del poder espiritual unido con la idea de eternidad. Esta unión destruye el pensamiento de los años como causa de poder decadente, y cuando se despierta en aquellos que han creído en la edad, los transformará y hará todas las cosas nuevas para ellos.

Todo vocalista famoso ha sentido el poder espiritual interno como una convicción constante. Esto se ilustra de modo impresionante en la persistencia y poder insuperables que condujeron a la famosa cantante Galli-Curci a vencer todos los obstáculos. En las primeras etapas de su carrera los críticos de ópera la desalentaron. Le dijeron que jamás tendría éxito, pero ella perseveró; y finalmente superó todos los defectos de su voz. Esta es una lección maravillosa para aquellos que aparentemente experimentan desengaños y sienten la tentación de rendirse a las circunstancias y condiciones en su cuerpo y ambiente. Haz tuyas las palabras de Pablo: "Ninguna de estas cosas me mueve" (V.A.), y afirma sin condiciones tu supremacia espiritual.

Algunas escuelas metafísicas advierten a sus estudiantes contra el desarrollo del poder, porque temen que éste se use de maneras egoístas y ambiciosas. Sin lugar a dudas, es cierto que el ego personal algunas veces se apodera de la facultad de poder y la usa para fines de exaltación egoísta; fácilmente podemos ver cómo se originó lo que llamamos el Diablo. Para lograr éxito en el uso del poder del Ser, uno debe ser obediente al practicar todas las ideas que constituyen el hombre. Si hay usurpación del poder personal, Lucifer cae como un "relámpago del cielo", y la mente carnal o adversa va de un lado a otro en la tierra. El echar fuera estos demonios de la personalidad constituyó una gran parte del trabajo de Jesús, y los que lo siguen en la regeneración se confrontan con estados mentales similares y ven la necesidad de echar fuera el gran demonio del egoísmo, el cual alega tener poder, pero es un mentiroso y padre de mentiras.

Ningún discípulo puede realizar un gran vencimiento sin lograr cierta medida de poder espiritual, dominio y supremacía. Sin el poder uno se entrega fácilmente a las leyes transitorias hechas por el hombre. La atmósfera psíquica está colmada de pensamientos que no están en armonía con la Mente Divina. Estos pensamientos psíquicos son legión y para vencerlos uno debe permanecer en guardia. Jesús dijo: "Vigilad". Esto significa que debemos avivar nuestro discernimiento y nuestra habilidad para decidir entre el bien y el mal. "¿Y por qué no juzgáis por vosotros mismos, lo que es justo?" Esta sabiduría del Espíritu se le otorga al hombre por medio del poder del Espíritu en él que todo lo sabe, que todo lo discierne y si él presta atención a su intuición divina, jamás tendrá que temer equivocaciones. "Conoceréis la verdad y la verdad os hará libres." Pero el hombre nunca puede ser libre hasta que declare su libertad. Jesús dijo: "Yo soy de arriba". Es el privilegio de todo hombre hacer esta declaración y elevarse sobre los cismas del pensamiento mortal. Por lo tanto, no temas desarrollar tu poder y supremacía. Ellos no se han de ejercer sobre otras personas sino sobre ti mismo. "El que gobierna su espíritu (es más poderoso) que el que conquista un reino." Alejandro lloró porque no había más mundos que conquistar, sin embargo él no había dominado su propio apetito y murió a los treinta y tres años convertido en un alcohólico. Hoy los hombres tratan de adquirir poder por medio del dinero, legislación, y gobiernos creados por el hombre, y fracasan porque no han logrado ejercer dominio sobre sí mismos.

Jesús dijo: "Mi reino no es de este mundo", no obstante estableció en el mundo un reino más grandioso que todos los otros reinos. En sus comienzos Su reino era muy pequeño, y los sabios y poderosos se reían menospreciando Su declaración de que Él era un rey. Pero Él era todo un rey. Su pueblo ha sido lento en seguir las leyes que promulgó para Su reinado, pero hombres de todas las condiciones y niveles sociales están empezando a comprender la integridad vital de Sus edictos, están visualizando que no puede haber paz permanente, ni siquiera civilización en la tierra hasta que la Regla de Oro, que Él estableció, se adopte como norma en todas las naciones en sus contactos comerciales y en otro tipo de relaciones. Los hombres de negocio están enseñando el precepto de Jesús: "Todas las cosas que queráis que los hombres hagan con vosotros, así también haced vosotros con ellos", como el fundamento del éxito

en los negocios. En todas partes los escuchamos hablando de cooperación en vez de competencia. Los profetas y videntes del comer-
cio están anunciando el amanecer de un nuevo
día, en el cual el propósito será ofrecer un
buen servicio en vez de obtener abundantes
ganancias. Aquí vemos la venida del Cristo
"como un ladrón en la noche". La noche de la
ignorancia y la competencia destructora se ha
extinguido.

Por consiguiente, toda clase de industria
humana debe llevarse a efecto por un poder
que reconozca la ley divina. El hombre es el
poder de Dios en acción. Al hombre se le ha
concedido el poder más grande en el universo,
el poder consciente del pensamiento. Hay una
fuerza creadora universal que impulsa al
hombre al reconocimiento del poder creativo
de su pensamiento individual. Esta fuerza es
elemental y todos sus atributos están sujetos
al dominio del hombre. Cuando coopera con el
principio divino, se sienta en el trono de su
autoridad y la fuerza elemental se somete a su
dirección.

Pero el poder y la autoridad que han de re-
gir en el reino del cielo dependen de la potes-
tad del hombre y de su régimen en la tierra.
Jesús le dijo a Pedro: "Todo lo que atares en

la tierra será atado en los cielos; y todo lo que desatares en la tierra será desatado en los cielos". Si el hombre ata o controla los apetitos, pasiones y emociones en el cuerpo (tierra), establece su habilidad y poder para controlar estas mismas fuerzas en los reinos universales, de los cuales se forman los cielos. Cuando logra libertad en la expresión de las cualidades inherentes en el alma y el cuerpo, su poder se expande y le permite liberar los elementos universales y restaurar el equilibrio entre el cielo y la tierra o el Espíritu y la materia.

Cuando suficientes personas hayan alcanzado este poder, el "nuevo cielo . . . la nueva tierra" (que se describen en el capítulo vigésimoprimero de Apocalipsis) se manifestarán. No será necesario esperar por el complemento total de los vencedores, el número místico de 144,000 que han de gobernar el nuevo mundo, sino que cada individuo que cumpla con la ley de superación podrá entrar en el poder con Jesús. Los elegidos no deben pasar por alto que la Escritura dice: "Todo aquél que venciere heredará todas las cosas". Vencer y sentarse con Jesús en Su trono significa que el hombre debe vencer como El venció. Jesús venció el mundo, la carne y el diablo. Para vencer el mundo, uno debe estar a

prueba de todas sus tentaciones de riquezas y
honores. Para vencer la carne uno debe espiri-
tualizar al hombre de los cinco sentidos hasta
que la conciencia material se eleve a la conciencia espiritual en el sentir, gustar, ver, oír
y oler. Este cambio culminará en el dominio
completo por el hombre de su cuerpo y en su
final redención de la muerte.

El Diablo es el ego personal, quien en su libertad formó un estado de conciencia pecu-
liarmente suyo. Cuando el hombre vive totalmente en la conciencia de la personalidad que
él ha construido, se gobierna a través de la
mente carnal, que es el Adversario o Satanás.
En el misterio de la cruz está escondido el
vencimiento de Satanás. La crucifixión de
Jesús es la representación simbólica de la
cancelación (destrucción) de la mente carnal
(Satanás) en la conciencia del hombre redimido. Cristo no murió en la cruz, ni el cuerpo
de Jesús se destruyó. Lo que Jesús entregó
con Su último suspiro fue la mortalidad. Fue
lo personal, la conciencia mortal la que gritó:
"Dios mío, Dios mío, ¿por qué me has aban-
donado?" (Este "dios" debería escribirse con
minúscula.) El concepto de un Dios personal
no logra salvar a su adorador.

Cuando la identidad del YO SOY, que es el

hombre, se envuelve en sus asuntos personales de tal manera que ignora a Dios, YO SOY se hace cargo del cuerpo y dirige todas las funciones corporales. Cuando esta regla se rompe por el poder del Cristo o la supermente, hay una crucifixión. Puede parecer que Jesús está siendo crucificado pero es sólo apariencia. La muerte viene a la conciencia de Judas, la cual "tiene un demonio" (V.A.), pero el cuerpo, que está firmemente unido a esta mente usurpadora, pasa a través del sufrimiento y la muerte aparente. Esto es tan sólo una apariencia, porque el principio más elevado, el Cristo, resucita el cuerpo y lo transmuta en substancia espiritual elevada para penetrar a la armonía o cielo. El punto culminante del poder y dominio del hombre se destaca en la resurrección y ascensión del hombre ejemplar, Jesús.

CAPITULO VII

EL TRABAJO DE LA IMAGINACION EN LA REGENERACION

Cuando se comprenden las facultades de la mente en su triple relación—espíritu, alma y cuerpo—se descubre que toda forma y figura tuvo su origen en la imaginación. A través de la imaginación es que lo informe adquiere forma. Es bien conocido el hecho de que el artista visualiza en su mente todo el cuadro antes de llevarlo al lienzo. El hombre y el universo son una serie de cuadros en la Mente del Ser. Dios hizo al hombre a Su imagen y semejanza. El hombre a su vez, está continuamente creando y enviando a su mente, a su cuerpo y al mundo que le rodea formas vivientes de pensamiento revestidas e investidas de su propio carácter. Estas imágenes se forman en le parte frontal del cerebro y se visten de sustancia y vida extraída de centros secundarios en el cuerpo.

Las personas muy intelectuales, al concentrar la intensidad de sus pensamientos en la cabeza, no llegan a establecer comunicación con los centros de vida, sustancia y amor en el cuerpo, y su trabajo, aunque puede ser muy talentoso, carece de lo que llamamos "alma". Esta clase de creaciones del pensamiento raras veces son duraderas. Cuando la forma de pensamiento y su sustancia logran un balance equilibrado, la idea que se proyecta perdura por tiempo indefinido. Jesús era un hombre plenamente versado en el funcionamiento de esta ley, y cada una de las ideas que El expresó y formuló ha vivido y crecido en sabiduría y poder en las mentes de aquellos que se unen a El en fe y comprensión espiritual. El dijo: "El cielo y la tierra pasarán, pero mis palabras no pasarán".

Entre los apóstoles, Bartolomé representa la imaginación. En el primer capítulo de Juan, a Bartolomé se le llama Natanael. Se indica que Jesús lo vio bajo la higuera—infiriendo que Jesús percibió la presencia de Natanael antes de que éste fuera visible. Esto indicaría que las imágenes de las personas y las cosas se proyectan en la cámara formadora de imágenes mentales y que al darles atención, se puede comprender la relación que existe entre estas imágenes y las cosas externas. Los adivinadores del pensamiento, los clarividentes y soñadores han desarrollado esta capacidad en diversos grados. Cuando la conciencia ocupa el primer lugar en el desenvolvimiento del alma, hay confusión, por falta de comprensión de la ley fundamental de acción mental. Las formas son siempre manifestaciones de ideas. El que comprende esto puede interpretar los símbolos que se le presentan en sueños y visiones, pero la falta de comprensión de esta ley lo convierte en síquico sin poder. José era un intérprete porque él buscó la guía en la Mente creadora. "Y José le contestó a Faraón diciendo: No está en mí; Dios dará a Faraón una respuesta de paz." Cuando Faraón le contó el sueño sobre las vacas gordas y flacas, José en seguida le dio el verdadero significado del sueño; él comprendía la ley metafísica. Los primeros cristianos tenían comprensión de esta ley. La misma ley existe hoy, y nosotros, los seguidores reencarnados de Jesús, podemos usarla más efectivamente porque la mente y su funcionamiento se interpreta mejor ahora.

El Espíritu de Verdad proyecta en la cámara de imágenes cuadros que, si se comprenden correctamente, son una guía segura para todas las personas que creen en la omnipresencia de la mente. Todo el mundo sueña, pero la inmensa mayoría no trata de interpretar la escritura en la pared de la mente, o consideran sus sueños literalmente y, como éstos no se realizan, los creen tontos. Por su ignorancia de la ley con la cual trabaja la imaginación, el hombre la ha estimado como algo ridículo. Vemos las cosas imaginarias como triviales, no obstante, sabemos que a través de la imaginación podemos producir cambios maravillosos en el cuerpo. Al estudiar esta ley, encontramos que las características de ambos, la mente y el cuerpo, las determinan la imaginación y sus facultades relacionadas. Pablo se refirió a este poder de la imaginación cuando escribió:

Pero nosotros, con rostro descubierto, contemplando como en un espejo la gloria del Señor, somos transformados en la misma imagen de gloria en gloria, como por el Espíritu del Señor.

Ha surgido mucha especulación acerca del método que Jesús usó para impartir comprensión espiritual a Sus apóstoles y a otros de los primeros cristianos que estaban maravillosamente iluminados. Es verdad que los Doce Apóstoles tuvieron Su instrucción personal, pero ésta era aparentemente preliminar; el adiestramiento minucioso vendría más adelante. Jesús prometió que el Espíritu de Verdad vendría, en Su nombre, como maestro, guía e instructor. No dijo cómo el Espíritu guiaría y enseñaría a aquellos que en El creyeran; llegamos a esta conclusión por sus experiencias en la nueva escuela de la vida a la cual El los introdujo.

Es posible difundir la Verdad a través de inspiración directa, pero esto requiere un estudiante con un desenvolvimiento mental superior al promedio, y Jesús buscó discípulos entre personas de toda condición. Así encontramos que la avenida sencilla y universalmente comprensible de visiones y sueños, el trabajo de la imaginación, se adoptó como un medio importante por el cual los creyentes se instruían y se mantenían unidos. En efecto, una gran parte del trabajo de la iglesia primitiva se llevó hacia adelante por este medio.

Saulo se convirtió por una visión. Jesús se le apareció en persona y lo amonestó por su persecución de los cristianos, le informó que tenía un trabajo para que él lo hiciera y le dio instrucciones en cuanto a sus movimientos futuros.

Mas yendo por el camino, aconteció que al llegar cerca de Damasco, repentinamente le rodeó un resplandor de luz del cielo; y cayendo en tierra, oyó una voz que le decía: Saulo, Saulo, ¿por qué me persigues? El dijo: ¿Quién eres, Señor? Y le dijo: Yo soy Jesús a quien tú persigues; dura cosa te es dar coces contra el aguijón. El, temblando y temeroso, dijo: Señor, ¿qué quieres que yo haga? Y el Señor le dijo: Levántate y entra en la ciudad, y se te dirá lo que debes hacer. Y los hombres que iban con Saulo se pararon atónitos, oyendo a la verdad la voz, mas sin ver a nadie. Entonces Saulo se levantó de tierra, y abriendo los ojos, no veía a nadie, así que llevándole por la mano, le metieron en Damasco, donde estuvo tres días sin ver y no comió ni bebió.

Los que buscan dirección en el Espíritu Santo descubren que sus enseñanzas se ofrecen a todos los que creen en Cristo, y éstos a menudo se unen dirigidos por la voz interna, o por un sueño o una visión. Saulo después de contemplar la luz cegadora de los reinos espirituales, necesitaba que su vista fuera restaurada. La brillantez o elevada potencia de la presencia glorificada de Jesús había confundido su conciencia intelectual, lo que trajo como resultado la ceguera. El necesitaba el poder armonizador y pacificador de alguien que comprendiera la vida interna, y esto lo encontró en cierto discípulo llamado Ananías. El Señor le dijo a Ananías en una visión:

Levántate, vé a la calle que se llama Derecha, y busca en casa de Judas a uno llamado Saulo, de Tarso; porque he aquí, él ora, y ha visto en visión a un varón llamado Ananías, que entra y le pone las manos encima para que recobre la vista. Entonces Ananías respondió: Señor, he oído de muchos acerca de este hombre, cuántos males ha hecho a tus santos en Jerusalén... a todos los que invocan tu nombre. El Señor le dijo: Vé, porque instrumento escogido me es éste, para llevar mi nombre en presencia de los gentiles, y de reyes, y de los hijos de Israel; porque yo le mostraré cuanto le es necesario padecer por mi nombre. Fue entonces Ananías y entró en la casa, y poniendo sobre él las manos, dijo: Hermano Saulo, el Señor Jesús, que se te apareció en el camino por donde venías, me ha enviado para que recibas la vista y seas lleno del Espíritu Santo. Y al momento le cayeron de los ojos como escamas, y recibió al instante la vista; y levantándose, fue bautizado. Y ha-

biendo tomado alimento, recobró fuerzas.

La aparición del Señor a Saulo, con la conversión de este último, se considera uno de los grandes milagros de la Biblia, pero la experiencia de Ananías se menciona pocas veces. No obstante, se nos indica en este pasaje que el Señor se le apareció a Ananías y le habló, al igual que se le había aparecido y hablado a Saulo, y aparentemente no hubo diferencia en la naturaleza real de los incidentes excepto por aquello que puede inferirse de la actitud mental de los participantes. Saulo era antagónico y belicoso. Ananías era receptivo y obediente; él indudablemente había recibido este tipo de instrucción muchas veces. Fácilmente discernimos su armonía espiritual al estudiar este texto bíblico. El conocía la reputación de Saulo y protestó por tener que encontrarse con él, pero el Señor le explicó la situación y Ananías obedeció.

En la actualidad los discípulos de Jesús que son obedientes y receptivos y creen en la presencia y el poder del Maestro y del Espíritu Santo, están en todas partes recibiendo visiones y sueños. Están uniéndose y ayudándose unos a otros a recuperarse de las discordias e inarmonías de la vida. Nunca antes en la historia de la raza ha surgido una necesidad tan grande de instrucción espiritual como la que se siente ahora, y esta necesidad la están satisfaciendo Jesús y Sus auxiliares por medio de un renacimiento del cristianismo primitivo y de sus métodos de enseñanza.

El Espíritu imparte sus ideas usando un lenguaje universal. En vez de explicar con palabras y frases de uso común, la idea se forma y se proyecta en su pureza original. Este sistema de transferir conceptos se llama simbolismo. Es el único medio universal y correcto de comunicar ideas. Por ejemplo, si uno quisiera explicar a alguien acerca de una procesión que hubiera visto, y pudiera hacer un cuadro mental de modo que los otros lograran verla, ¡cuánto más completa sería la comunicación que las palabras descriptivas! La mente formula en imágenes de pensamiento toda idea que surge en ella, y luego trata de expresarla en lenguaje que casi siempre resulta inadecuado. Los franceses dicen: "Las palabras se usan para ocultar las ideas". Así como los primeros discípulos de Jesús tuvieron que aprender que el símbolo representa la idea y no el objeto, así también los discípulos modernos, siguiendo la misma línea de instrucción, no deben permitirle al intelecto materializar sus sueños y visiones; aunque ellos puedan estar confundidos, como Pedro, los sucesos subsiguientes les traerán una comprensión más clara de la lección.

En el capítulo 10 de Hechos, leemos:

Pedro subió a la azotea para orar, cerca de la hora sexta. Y tuvo gran hambre, y quiso comer, pero mientras le preparaban algo, le sobrevino un éxtasis; y vio el cielo abierto, y que descendía algo semejante a un gran lienzo, que atado de las cuatro puntas era bajado a la tierra; en el cual había de todos los cuadrúpedos terrestres y reptiles y aves del cielo. Y le vino una voz: Levántate, Pedro, mata y come. Entonces Pedro dijo: Señor, no; porque ninguna cosa común o inmunda he comido jamás. Volvió la voz a él la segunda vez. Lo que Dios limpió, no lo llames tú común. Esto se hizo tres veces; y aquel lienzo volvió a ser recogido en el cielo. Y mientras Pedro estaba perplejo dentro de sí sobre lo que significaría la visión que había visto, he aquí los hombres que habían sido enviados por Cornelio, los cuales, preguntando por la casa de Simón, llegaron a la puerta. Y llamando, preguntaron si moraba allí un Simón que tenía por sobrenombre Pedro. Y mientras Pedro pensaba en la visión, le dijo el Espíritu: He aquí, tres hombres te buscan.

Pedro estaba atado aún a la enseñanza judaica de que no había salvación para nadie excepto para los de su fe, y esta visión iba a romper la esclavitud de tal intolerancia y a enseñarle que el Evangelio de Jesucristo es para todos. En una visión, el Señor ya había instruido a Cornelio, el soldado romano, de que debía enviar a algunos de sus sirvientes a Jope para traer a Pedro a Cesárea.

Algunos partidarios de la alimentación con carne cometen el error de darle a la visión de Pedro una interpretación literal, sosteniendo que el Señor le mandó a matar y comer "toda clase de cuadrúpedos, reptiles y aves del cielo" y que Dios los ha limpiado y preparado así para alimento del hombre. Si este punto de vista se siguiera literalmente, comeríamos de toda clase de cuadrúpedos, incluyendo zorrillos, reptiles y de todas las aves, incluyendo buitres. Sin embargo, sabemos que la visión debe interpretarse en términos de su significado simbólico. Pedro tenía que apropiar y armonizar conscientemente en su interior todos los pensamientos de separación, inmundicia, e impureza, intolerancia, egoísmo—los pensamientos que conllevan divergencia y separación.

Tenemos dentro de nosotros, confinados en

la jaula de la subconciencia, todas las inclinaciones y salvajismo de los animales. En la regeneración estas tendencias surgen a lo externo y se efectúa entre ellas una gran reconciliación. Reconocemos que realmente nada es inmundo, excepto para la conciencia humana. En el idealismo creativo original de la Mente Divina, todo se hizo perfecto y santificado y fue pronunciado "muy bueno". Pero Dios no le dijo al hombre que comiera de todo porque era bueno en su sitio.

Y dijo Dios: He aquí que os he dado toda planta que da semilla, que está sobre la tierra, y todo árbol en que hay fruto y que da semilla; os serán para comer.

Cuando el hombre haya regenerado y levantado las bestias del campo, él llevará a cabo el mandato que se le dio al Adán original y lo declarará "bueno".

El cuerpo del hombre representa la suma total del mundo animal, porque en su evolución él ha pasado por experiencias en casi todos los tipos de formas elementales. Estas remembranzas son parte de su alma, y en los no regenerados ellas esporádicamente surgen a la superficie. Algunas veces naciones completas parecen revertir de la cultura al salvajismo sin causa aparente, pero siempre hay una causa. Estas reversiones son el resultado de alguna distorsión violenta del alma, o de la concentración, excluyendo todo lo demás, en una línea de pensamiento fuera de armonía con la ley divina. Cuando el alma está preparada para su próximo paso en el camino ascendente, ocurre un gran cambio que se conoce como regeneración. Jesús se refirió a esto cuando le dijo a Nicodemo: "Tienes que nacer de nuevo". En una de sus fases el nuevo nacimiento es una resurrección. Toda experiencia que el hombre ha tenido que pasar ha dejado su imagen en el subconsciente, forjada en la mente y en la materia. Estas imágenes se liberan en la regeneración y el hombre las ve como parte de sí mismo. En su "Diario", George Fox, el cuáquero de mentalidad espiritual, dice:

"Algunas veces, yo estaba bajo grandes tentaciones y mis sufrimientos internos eran pesados; pero no podía encontrar a nadie para confiarle mi estado de ánimo sino al Señor, a quien clamaba noche y día. Regresé a Nottinghamshire, donde el Señor me mostró que la naturaleza de aquellas cosas que eran hirientes en lo externo, estaban dentro de los corazones y las mentes de los hombres malvados. El temperamento de perros, cerdos, víbo-

ras, de Sodoma y Egipto, Faraón, Caín, Is-
mael, Essaú, etc. Las características de éstos
yo las veía dentro de mí a pesar de que la
gente había estado buscando en el exterior.
Yo clamé al Señor diciendo: "¿Por qué estaré
yo en esta condición, si nunca me dediqué a
cometer estas perversidades?" Y El Señor me
contestó: "Era necesario que yo tuviese comprensión de todas las condiciones, ¿en qué
otra forma podría yo hablar de todas ellas?"
En esto yo vi el infinito amor de Dios. Vi también, que había un gran océano de obscuridad
y muerte; pero un océano infinito de luz y
amor, el cual fluía sobre el océano de obscuridad. En esto también vi el amor infinito de
Dios y recibí grandes revelaciones. Mientras
caminaba cerca de la iglesia en el pueblo de
Mansfield, el Señor me dijo: "Eso que la gente
pisotea debe ser tu alimento". Y según el
Señor habló me hizo comprender que la gente
y los profesores pisoteaban la vida, y aun la
vida de Cristo era pisoteada; ellos se alimen-
taban de palabras, y se hartaban unos a otros
de palabras; pero pisoteaban con sus pies la
sangre del hijo de Dios, la cual era mi vida, y
ellos vivían encerrados en sus conceptos frívo-
los hablando de El. Me parecía extraño al
principio, que yo tuviera que alimentarme de

aquello que los distinguidos profesores piso-
teaban; pero el señor me lo reveló claramente
por su eterno Espíritu y poder.

En la regeneración, el hombre descubre que
él tiene en la parte de su alma que llamamos el
hombre natural, inclinaciones animales que
corresponden a los animales en el mundo
externo. En las imágenes mentales, éstos
toman forma de leones, caballos, bueyes,
perros, gatos, serpientes y las aves del aire.
Las visiones de José, Daniel, Juan y otros videntes de la Biblia eran de esta naturaleza.
Cuando el hombre comprende que estos animales representan pensamientos trabajando
en la subconciencia, tiene una clave para las
múltiples causas de las condiciones físicas.
Ve con claridad que los profetas de antaño
usaban símbolos para expresar ideas, y comprende que para interpretar estos símbolos
tiene que aprender lo que cada uno representa, para poder entender el significado original.

De acuerdo con el Génesis, la creación original era ideal, y por medio del hombre, a lo
ideal se le dio carácter y forma. Adán le dio
título a todas las bestias del campo: "Y todo
lo que el hombre llamó a las criaturas vivientes, ése es su nombre". Al que tiene sabiduría

espiritual se le revela que cuando el hombre se redime por completo, él redime, purifica y levanta las tendencias animales en sí mismo. El mundo animal pasará por una transformación completa cuando la raza se redima. Como dice Isaías: "El lobo y el cordero comerán juntos y el león comerá yerba como el buey". Algunos van más lejos aún y dicen que en el milenio los animales no serán necesarios, que ellos son, en realidad, fuerzas disolutas de la familia humana y que cuando esas fuerzas se recojan finalmente dentro de su fuente original en lo subjetivo, no habrá más animales en lo objetivo; que en esta forma, el hombre será inmensamente fortalecido y una inevitable conexión se establecerá entre lo que llamamos material y lo espiritual.

CAPITULO VIII

COMPRENSION

Al referirnos al diccionario vemos que las palabras sabiduría, comprensión, conocimiento e inteligencia están tan íntimamente relacionadas que sus definiciones se entrelazan de manera muy confusa. Las palabras difieren en significado, pero diversos autores al escribir sobre la mente y sus facultades han ofrecido definiciones de estas palabras en términos completamente opuestos a las de otros escritores. Existen dos escuelas de escritores en el campo de la metafísica y las definiciones de ambas escuelas pueden confundir al estudiante a menos que éste sepa a cuál de ellas pertenece el autor. En primer lugar están los que estudian la mente y sus facultades desde el punto de vista intelectual, entre los que pode-

mos mencionar a Kant, Hegel, Mill, Schopen-
hauer y Sir William Hamilton. La otra escuela incluye a toda la gran sociedad de autores
religiosos que han discernido que el Espíritu
y alma son los factores causantes de la mente.
Los recopiladores de diccionarios han con-
sultado al grupo anterior para verificar sus
definiciones, y en consecuencia tenemos un
grupo de términos inadecuados para expresar
las cosas profundas de la mente. Aun los
metafísicos cristianos que pertenecen a la segunda clasificación no tienen una comprensión clara de los dos grandes reinos de la
mente: primero, el reino donde rigen las ideas
y la lógica pura; y segundo, el reino de los pensamientos y la actividad de la mente que
atañe a la razón y la relación de ideas en el
mundo externo. Es solamente durante la últi-
ma mitad del siglo pasado que gran número
de cristianos han discernido que Jesús enseñó
una ciencia metafísica.

Los poetas son místicos y metafísicos por
naturaleza, y en sus escritos encontramos las
definiciones más confiables de los términos
que se usan para representar las actividades
de la mente. Los poetas casi siempre hacen la
distinción correcta entre la sabiduría y comprensión. Tennyson dice: "El conocimiento

viene, pero la sabiduría persiste". El discernimiento espiritual siempre coloca la sabiduría sobre las otras facultades de la mente y revela que el conocimiento y la inteligencia son auxiliares de la comprensión. La comprensión intelectual viene primero en el desarrollo del alma; luego surge una comprensión más profunda de los principios, hasta que el hombre completo madura en sabiduría.

El ocaso de la vida me da enseñanza mística,

Y los sucesos futuros, de antemano esparcen sus sombras.

Las escrituras de los profetas hebreos son buenos ejemplos de inspiración original, que es sabiduría. Salomón fue famoso por su sabiduría. Jehová se le apareció en un sueño y le dijo: "Pide lo que quieras que yo te dé". Salomón contestó: "Dale a tu siervo, por lo tanto, un corazón comprensivo para juzgar a tu pueblo, que pueda discernir entre el bien y el mal". Complacido porque Salomón había pedido sabiduría en vez de riquezas y honor, el Señor dijo:

He aquí lo he hecho conforme a tu palabra; he aquí te he dado un corazón sabio y entendido . . . y también te he dado las cosas que no pediste, riquezas y gloria . . . y cuando Salo-

món despertó, vio que era un sueño.

Fue después de este suceso que dos mujeres apelaron ante Salomón para que decidiera cuál de ellas era realmente la madre de una criatura que ambas reclamaban.

Y él dijo: Traedme una espada... Y dijo el rey: Partid al niño vivo por medio, y dad la mitad a la una y la mitad a la otra. Entonces la mujer de quien era el hijo vivo habló al rey (porque sus entrañas se le conmovieron por su hijo), y dijo: ¡Oh, Señor mío! Dad a esta el niño vivo y no lo matéis. Mas la otra dijo: Ni a mí ni a ti: partidlo. Entonces el rey respondió, y dijo: Dad a aquélla el hijo vivo y no lo matéis; ella es su madre. Y todo Israel oyó aquel juicio que había dado el rey; y temieron al rey porque vieron que había en él sabiduría de Dios para juzgar.

El que precede es buen ejemplo de saber intuitivo. En vez de entregarse a la acostumbrada búsqueda de pruebas y a los diversos métodos para probar un caso por testigos, Salomón apeló directamente al corazón y obtuvo la verdad rápidamente. Ninguna cantidad de testimonio público hubiera podido lograr lo que la apelación al amor realizó al instante.

Aunque a veces es difícil distinguir entre el

puro saber y la percepción rápida del intelecto, la decisión siempre puede hacerse correctamente, basada en la presencia de la naturaleza afectiva.

Los grandes filósofos de todas las épocas han dado testimonio de la actividad de una cualidad supermental, que ellos han llamado de diversas formas. Sócrates la tenía. El la llamó su *demonio*. Platón le dio el nombre de *razón pura*. Jesús la proclamó como el reino de los cielos.

En un artículo de M. K. Wisehart, publicado en el American Magazine de junio de 1930 con el título: "Una Mirada Minuciosa al Pensador Más Grande del Mundo", se cita al Profesor Albert Einstein diciendo:

" 'Todo hombre sabe que en su trabajo él se supera y logra el máximo cuando ha alcanzado un grado tal de pericia que le permite trabajar intuitivamente. Esto es, hay cosas que llegamos a saber tan bien que no sabemos cómo las sabemos. Opino igual en cuestiones de principios. Tal vez vivimos mejor y hacemos mejor las cosas cuando no estamos demasiado conscientes de cómo y por qué las hacemos.'

"El hablaba de la gran influencia que ejerce la intuición en su trabajo, y me dio a entender que la habilidad para trabajar por intuición puede adquirirse en cualquier aspecto de la vida. Viene como resultado de esfuerzo prolongado, reflexión, aplicación, fracasos y persistencia. ¡Luego, al final uno sabe las cosas sin saber cómo las sabe! Y yo deduje que el Profesor quiso decir que ningún hombre sabe nada hasta que lo sabe de esta manera minuciosa e instintiva.

"Con frecuencia la gente le pregunta al Profesor Einstein si él, como científico, cree en Dios. Generalmente, él contesta: '¡Yo no creo en un Dios que maliciosa o arbitrariamente interfiere en los asuntos personales de la humanidad! ¡Mi religión consiste en una admiración humilde por el infinito poder que se manifiesta a sí mismo en aquella parte diminuta del universo que nuestra pobre, débilmente puede abarcar!'

"En una discusión, cuando el Profesor se impresiona por la exactitud de sus observaciones o las de alguna otra persona, de repente exclamará: '¡Sí, es así! ¡Exactamente! ¡Tiene que serlo! ¡Estoy seguro de que Dios no puede haberlo hecho de otro modo!' Para él, Dios es tan válido como un argumento científico.

"En una ocasión, después de una concen-

tración prolongada en un problema (la cual
duró casi cuatro años), el Profesor sufrió un
colapso físico total. A esto se sumó un serio
problema estomacal. Un especialista célebre
le dijo: '¡No puede levantarse! Usted no
puede volver a estar en pie por largo tiempo'.

" '¿Es ésta la voluntad de Dios?' preguntó
el Profesor al instante. '¡Yo creo que no! La
voz de Dios surge de lo interior. Algo me dice
que todos los días debo levantarme por lo
menos una vez. ¡Tengo que tocar el piano!
¡Me quedaré acostado por el resto del día!
¡Estoy preparado para aceptar esto como la
voluntad de Dios!'

"Y el especialista tuvo que conformarse con
la voluntad de Dios, como la declaró Einstein.
Todos los días el Profesor se levantaba, se
ponía su bata de baño sobre la ropa de dormir
y tocaba el piano.

"Yo le hacía muchas preguntas para pro-
vocar respuestas basadas en sus experiencias
que pudieran sernos útiles a todos. Me enteré
de que lee poco. 'La mucha lectura a cierta
edad', dice, 'distrae la mente de sus propósitos creativos. Todo hombre que lee en
exceso y usa poco su cerebro forma hábitos de
pensamientos vagos, al igual que uno que
pasa mucho tiempo en los teatros tiende a

conformarse con vivir vicariamente en vez de vivir su propia vida.

" 'Yo tengo solamente dos reglas que considero como principios de conducta. La primera es: No tengas reglas. La segunda es: Sé independiente de la opinión de otros' ".

Así descubrimos que en el hombre hay una sabiduría innata capaz de trascender el conocimiento intelectual. Casi todos en alguna época hemos logrado hacer contacto con esa sabiduría oculta que en mayor o menor grado nos ha asombrado con sus revelaciones. Ciertamente es una experiencia muy sorprendente encontrarnos emitiendo pensamientos y palabras lógicas sin preparación o pensamiento previo, porque casi siempre llegamos a conclusiones a través de procesos de razonamiento. No obstante el proceso de razonamiento es a menudo tan rápido que nos sentimos inclinados a pensar que es verdadera inspiración, especialmente cuando hemos recibido el levantamiento por medio de otros más sabios, o por el bautismo del Espíritu Santo. Este aceleramiento del intelecto es la iluminación de Juan el Bautista o iluminación intelectual que precede al despertamiento del ideal; la comprensión crística. Algunos estudiantes de la Verdad se enamoran de tal manera de las revelaciones que reciben por conducto de la cabeza que se abstienen de seguir adelante en el desenvolvimiento del Uno que bautiza en "Espíritu Santo y fuego". Los autores del Antiguo Testamento tenían cierta comprensión del primer y segundo despertar de la mente a la Verdad espiritual; Isaías dijo:

La voz de aquel que clama en el desierto: Preparad el camino de Jehová, enderezad calzada en la soledad a nuestro Dios; todo valle sea alzado y bájese todo monte y collado.

Elías tenía iluminación intelectual y enseñó a los israelitas que él volvería como un precursor del Mesías, Jesús dijo que Elías había venido otra vez en la personalidad de Juan el Bautista:

Mas yo os digo que Elías ya vino y no lo conocieron... Entonces los discípulos comprendieron que les había hablado de Juan el Bautista.

La historia de los israelitas es una especie de película del desenvolvimiento del alma y cuerpo del hombre. Cuando comprendemos la psicología de las distintas escenas, sabemos por lo que hemos pasado y lo que pasaremos en nuestra jornada desde los sentidos hacia el Espíritu.

La comprensión intelectual de la Verdad,

según se obtiene en el primer bautismo, constituye un paso extraordinario en el progreso de la conciencia sensorial. Su adquisición trae la tentación de usar para fines egoístas la sabiduría y el poder revelados por medio del bautismo. Cuando Jesús recibió este bautismo, fue "conducido por el Espíritu al desierto para ser tentado por el diablo" (el ego personal) antes de que pudiera alcanzar el próximo grado en conciencia de Hijo-de-Dios.

Pero Jesús sabía que la iluminación en lo personal no es el cumplimiento de la ley y rechazó toda tentación de usar Su comprensión para fines egoístas.

A menos que el discípulo sea muy manso, él descubrirá que el ego mortal trata de imponer por la fuerza sus argumentos para usar el poder del Espíritu con propósitos personales. El dios de mamón está elevando sus apuestas por las almas que han recibido el bautismo del Espíritu, y muchas se venden, pero su fin es polvo y cenizas. Ningún hombre puede servir a dos amos; no puede servir a Dios y a Mamón.

Cuando descubrimos en nosotros una corriente de pensamiento que parece haberse desarrollado independientemente del proceso razonador, a menudo nos sentimos perplejos en cuanto a su origen y seguridad para guiarnos. En sus comienzos esta fuente de conocimiento aparentemente extraña se rechaza como una fantasía; de nuevo aparece como una voz distante, un eco de algo que hemos oído y olvidado. Debe darse atención a este extraño y generalmente leve susurro del Espíritu en el hombre. No es del intelecto y no se origina en el cerebro. Es el desarrollo, en el hombre, de una capacidad mayor para conocerse a sí mismo y comprender el propósito de la creación. La Biblia ofrece muchos ejemplos del despertar de este cerebro del corazón en adivinos, jueces y profetas. Se le reconoce como procedente del corazón. La naturaleza del proceso no se explica; el que está en la etapa devocional de desenvolvimiento no necesita conocer todos los movimientos complejos de la mente para recibir el mensaje del Señor. Es suficiente saber que la comprensión se abre en ambos, la cabeza y el corazón, cuando el hombre se entrega totalmente al Señor.

Esta relación de cabeza y corazón se ilustra en las vidas de Juan el Bautista y Jesús. Ellos eran primos; la comprensión intelectual guarda una íntima relación con la sabiduría del corazón. Ambos recibieron el bautismo del Espíritu, Juan precediendo a Jesús y bautizándolo. Aquí se ilustra el orden natural de la iluminación espiritual. El hombre recibe primero una comprensión intelectual de la Verdad la cual transmite a su corazón donde se despierta el amor. El Señor le revela que la facultad del amor es el más grande de todos los poderes del hombre y que el conocimiento intelectual debe disminuir según la comprensión del corazón aumenta.

Sin embargo, debemos recordar que ninguna de las facultades se elimina en la regeneración. Entre los apóstoles de Jesús. Tomás simboliza la cabeza que representa la razón y la percepción intelectual. Jesús no ignoró la exigencia de Tomás para que demostrara evidencia física de Su identidad, sino que la respetó. El convenció a Tomás por las señales que demostró en Su cuerpo, que había resucitado; que vivía en el mismo cuerpo que había sido crucificado y no en un cuerpo fantasma o síquico.

Jesús enseñó claramente que había logrado control de la vida en el cuerpo y que podía usarlo o soltarlo a voluntad. Podemos interpretar la muerte y resurrección de Jesús de diversas maneras, muchas de ellas irreales y alegóricamente muy apartadas de la vida corriente, pero el hecho persiste de que hay evidencia histórica válida de la realidad física de la Resurrección en su más minucioso detalle.

La comprensión espiritual nos demuestra que la resurrección del cuerpo después de muerto no ha de limitarse a Jesús sino que ella es posible para todo hombre que, como Jesús, comprende la Verdad y la aplica como El lo hizo. El tenía conciencia del nuevo torrente de vida que viene a todos los que abren sus mentes y cuerpos a la viviente Palabra de Dios, y sabía que ésta levantaría la vibración atómica de Su organismo sobre las corrientes desintegrantes de pensamientos terrenales y así salvaría Su carne de la corrupción.

Cuando Jesús dijo a los judíos lo que discernía, ellos dijeron que estaba loco ("que tenía un demonio".) Desde el punto de vista del hombre mortal, el que enseña y practica la comprensión elevada y la realidad de la relación del hombre con la ley creativa, no está cuerdo.

Cuando la comprensión más elevada en Jesús proclamó: "En verdad, en verdad os digo: si un hombre guarda mi palabra, nunca morirá", ellos cogieron piedras para apedrearlo. Esta sorprendente declaración del poder de la palabra de Verdad para salvarnos de la muerte va más allá de toda razón humana, y los pensamientos materiales, que son tan duros como las piedras, se resienten.

Jesús no permitió que el pensamiento limitado de la raza acerca del hombre Le impidiera realizar las obras del Espíritu. El sabía que la luz de la Verdad había surgido en Su conciencia y no temía afirmarla. Siguió adelante sanando enfermos y enseñando la Verdad como la veía; ignorando las tradiciones de los patriarcas hebreos: Abraham, Isaac y Jacob. El mantuvo la luz brillando en Su conciencia, demostrando así Su lealtad a ella y afirmando las declaraciones de Verdad más elevadas que podía concebir. La Mente crística hablando en El decía: "Yo soy la luz del mundo".

La comprensión espiritual se desarrolla de diversas maneras; no hay dos personas que tengan exactamente la misma experiencia. Uno puede ser un Saulo, para quien la luz viene como un relámpago cegador, mientras que para otro la luz puede llegar suave y armoniosamente. La luz que surge repentinamente indica la existencia de reservas almacenadas de experiencia espiritual adquirida en vidas pasadas. Jesús vio que Saulo tenía una capacidad espiritual que, debidamente canalizada, podría realizar mucho bien; así que se tomó gran interés por despertar la verdadera luz en Saulo, y así restringir el celo destructor que lo poseía. "El me es vaso escogido para llevar mi nombre a los gentiles y a los reyes e hijos de Israel."

La naturaleza espiritual se desarrolla en el hombre del mismo modo que los demás atributos de su naturaleza. "Como el hombre piensa en su corazón, así es él", es una aseveración de la ley que no tiene excepción. El hombre desarrolla la capacidad para realizar todo lo que emprende. Sin comienzo no hay final.

En deseo sin propósito, se entretienen los tontos;

Siempre que haya voluntad, la sabiduría encuentra un camino.

Nadie ha logrado jamás una conciencia espiritual sin esforzarse por conseguirla. El primer paso es pedir. "Pide y se te dará; busca y encontrarás, toca y se te abrirá." La oración es una forma de pedir, buscar y tocar. Entonces haz tu mente receptiva a la elevada comprensión, por medio de meditaciones y afirmaciones de Verdad. El deseo fervoroso por comprender los asuntos espirituales abrirá el camino, y la revelación interna y externa vendrán. En Daniel 10:12 está escrito:

No temas, Daniel; porque desde el primer día que estableciste tu corazón en la comprensión y en hacerte humilde ante Tu Dios, tus palabras fueron escuchadas y yo he venido para que tus palabras sean hechas.

Daniel se hizo humilde en presencia de la Mente universal, y por eso abrió su comprensión y se volvió receptivo a la conciencia cósmica. Daniel y sus compañeros eran superiores en sabiduría y comprensión a los magos y adivinos oriundos del reino babilonio. Las Escrituras dicen que Dios concedió a Daniel conocimiento y destreza en ciencia y sabiduría y "Daniel tenía comprensión de todas las visiones y sueños". Cultiva pureza de mente y cuerpo y, como Daniel, abrirás el camino a los pensamientos elevados. El "se propuso en su corazón no contaminarse con la comida del rey, ni con el vino que éste tomaba; por lo tanto le pidió al jefe de los eunucos que no se le obligase a contaminarse".

La comprensión espiritual se desarrolla en el reino femenino del alma. Este desarrollo se describe en Hechos 16:14: "Y una mujer llamada Lidia, vendedora de púrpura de la ciudad de Tiatira, que adoraba a Dios, estaba oyendo; y el Señor le abrió el corazón".

Tiatira significa "incienso ardiendo",

representa el ardiente deseo en el hombre por las más elevadas expresiones de vida. Cuando surge esta urgencia interna con fuerza (vendedora de púrpura), el Señor nos abre el corazón y recibimos el mensaje celestial, al igual que los discípulos que se dijeron unos a otros: "¿No ardía nuestro corazón, mientras El nos habló en el camino de Emaús y nos abrió las Escrituras?"

La sabiduría no consiste en saber muchas cosas, ni tampoco en saberlas minuciosamente, sino en seleccionar y seguir lo que nos conduce con mayor seguridad a nuestra felicidad perdurable y gloria verdadera.—Landor.

El conocimiento habita en mentes atiborradas con los pensamientos de otros hombres, la sabiduría en mentes atentas a la suya propia.—Cowper.

El conocimiento es terrenal, pertenece a la mente, pero la sabiduría es celestial, pertenece al alma.—Tennyson.

Crea en mí, oh Dios, un corazón limpio,
Y renueva un espíritu recto dentro de mí.
(Sal. 51:10)

Cuando la sabiduría entrare en tu corazón,
Y la ciencia fuere grata a tu alma.

(Prov. 2:10)

Mas la senda de los justos es como la luz de
la aurora,
Que va en aumento hasta que el día es
perfecto.

(Prov. 4:18)

El corazón apacible es vida de la carne;
Mas la envidia es carcoma de los huesos.

(Prov. 14:30)

Hijo mío, no te olvides de mi ley,
Y deja que tu corazón guarde mis
mandamientos.

(Prov. 3:1)

Fíate de Jehová de todo tu corazón,
Y no te apoyes en tu propia prudencia.
Reconócelo en todos tus caminos,
Y El enderezará tus veredas.

(Prov. 3:5-6)

Bienaventurado el hombre que halla la
sabiduría,
Y que obtiene la inteligencia;

Porque su ganancia es mejor que la ganancia
de la plata,
Y sus frutos más que el oro fino.
Más preciosa es que las piedras preciosas;
Y todo lo que puedes desear, no se puede
comparar a ella.
Largura de días está en su mano derecha;
En su izquierda, riquezas y honra.
Sus caminos son caminos deleitosos,
Y todas sus veredas paz.
Ella es árbol de vida a los que de ella echan
mano,
Y bienaventurados son los que la retienen.
Jehová con sabiduría fundó la tierra;
Afirmó los cielos con inteligencia.

(Prov. 3:13-19)

CAPITULO IX

LA VOLUNTAD ES EL HOMBRE

El título es una cita de una enseñanza metafísica arcaica, cuyo origen se pierde en la antigüedad. La idea es que el desarrollo de la voluntad es posible sólo a través del desenvolvimiento de la mente como un todo, y como el hombre es mente, "la voluntad es el hombre". Se llega a esta conclusión porque la voluntad mueve a la acción a todas las otras facultades de la mente y aparenta ser el proceso total.

No obstante, un análisis cuidadoso de los diversos factores que forman parte de una acción revela que otros atributos del hombre son igualmente importantes, y no podemos admitir totalmente que "la voluntad es el hombre". La voluntad es indudablemente el punto focal alrededor del cual se centraliza toda la acción, cuando hay armonía mental; pero las escuelas de filosofía desde las épocas más antiguas hasta el presente han aceptado la norma de que la voluntad y la comprensión están íntimamente relacionadas; incluyendo la comprensión todos nuestros poderes especulativos y la voluntad todos los poderes activos. Esta relación íntima se explica simbólicamente en la Biblia, y ella ejerce atracción sobre la razón del hombre, quien la corrobora por su observación.

Jacob, representando al YO SOY (Yo seré lo que yo quiera ser) tuvo doce hijos, uno de los cuales fue José "el soñador". José representa la imaginación, por la cual todas las formas y apariencias se traen en manifestación. En el desenvolvimiento de la mente, se destacan ciertas facultades. Después que ellas han seguido su curso, se adelantan otras facultades que se han mantenido en reserva. Cuando llega el momento de descanso, las Escrituras declaran que alguien "murió anciano y cargado de años". Según el hombre marcha hacia adelante en su desenvolvimiento, hay algunas veces una tendencia hacia lo superficial de la conciencia, o hacia lo fenomenal, y una pérdida gradual de interés en las fuentes originales de acción. El aspecto fenomenal (lo formado) de la creación es tan interesante que el hombre a veces se siente perplejo al estudiarlo y al recrearse en él, hasta el punto de olvidar la causa iniciadora. Esta interrupción de la actividad creativa por la imaginación (José) se describe en estas palabras: "Y José murió a la edad de ciento diez años; y lo embalsamaron, poniéndolo en un ataúd en Egipto". Metafísicamente esto signica que cuando la imaginación, en el lapso de una vida, ha cumplido su misión como poder creativo, se duerme, pero se preserva en los reinos de la obscuridad (Egipto).

El número de José es el once. El fue el undécimo hijo de Jacob y su edad cuando terminó su trabajo activo y se durmió a los 110 años representa el cumplimiento de la ley divina para la actividad de esa facultad; la cifra indica una capacidad de expresión ilimitada. El número que expresa la edad de un personaje bíblico generalmente representa su sitio en la evolución. José llegó en su evolución hasta el undécimo grado avanzado. La cifra representa que tiene aún más que realizar.

El número de Jesús es el doce. A los doce años El manifestaba sabiduría.

Adán ocupó el tercer puesto en la Divinidad (Dios, Cristo, hombre). De acuerdo con la cronología de las Escrituras, Adán vivió 930 años. Este número nos demuestra que es el tercero en la trinidad, con una capacidad de desenvolvimiento doce veces mayor, pero ha desarrollado solamente tres de las doce facultades. El orden de los números denota la armonía de su desenvolvimiento. En este caso el desarrollo fue ordenado—el cero demuestra progreso futuro sin interrupción.

Set, el hijo que Adán engendró "a su semejanza, y conforme a su imagen", representa el despertamiento de la conciencia espiritual. "Entonces los hombres empezaron a invocar el nombre de Jehová." Los años de Set fueron 912. En este número se expresa un compendio de la trinidad y del hombre de las doce facultades, y vemos que Set fue el nacimiento, en Adán, de su propia naturaleza original, a la par con la imagen y semejanza de Elohim. En el número 9 la trinidad se repite tres veces, una por cada una de sus identidades: Dios, Cristo, hombre; luego se añaden los doce poderes del hombre. De nuevo el total de los dígitos es doce, el número que demostró el hombre divino.

Hemos llamado la atención al significado metafísico de la cronología de estos personajes bíblicos para ilustrar plenamente la forma en que se desarrollan las facultades. Se observará que en el hombre se implanta la semejanza de Dios, la cual el hombre desenvuelve a través de una larga serie de personalidades. El proceso de formar un alma puede compararse con el desarrollo de un negativo fotográfico; la imagen impresa en la placa sensitiva no es visible hasta que el negativo se somete al proceso corriente de desarrollo. Cuando Adán tuvo un despertamiento espiritual, percibió la verdad de su identidad en Dios, y por eso engendró a Set, en quien se imprimió la imagen y semejanza original del hombre espiritual por medio de la Palabra de la Mente creativa. Entonces la adoración de Jehová se restauró en la conciencia total del hombre, por lo menos por un tiempo.

Siguiendo la corriente cronológica, encontramos que el sitio de José lo ocuparon dos hijos. "Y José llamó a su primogénito Manasés: porque *él dijo:* Dios me hizo olvidar todo mi trabajo y toda la casa de mi padre. Y llamó al segundo hijo Efraín: Porque Dios me hizo fructificar en la tierra de mi aflicción." La madre de estos hijos fue Asenat, hija de Potifera, sacerdote egipcio de On. Asenat significa "peligro". Ella representa el aspecto femenino o amoroso del hombre natural. De este simbolismo complicado discernimos que nacieron dos facultades de la mente. El hijo mayor, Manasés, tenía poder para olvidar, borrar por la negación a través de la comprensión de la Verdad, toda carga acumulada de pensamientos, aun el de la herencia, "y toda la casa de mi padre". El otro hijo, Efraín, podía acrecentar por la afirmación y hacer fecunda la tierra que parecía un lugar de aflicción. Estos dos hijos de José heredaron su porción en la Tierra Prometida, que simboliza el cuerpo perfeccionado. La parte frontal del cerebro es el campo de acción de estas facultades tan íntimamente relacionadas—imaginación, comprensión y voluntad. Cuando la voluntad del hombre trabaja fuertemente, él frunce el ceño y la comprensión rápida hace relampaguear sus ojos.

Cuando la imaginación es subjetiva y espiritual y la voluntad y comprensión son objetivas y alertas, tenemos el artista creativo. Entonces la comprensión desarrolla al máximo su libertad y originalidad. Ya no está atada por las tradiciones del pasado en literatura, arte, música, drama, ciencia o religión, sino que se lanza a las profundidades y trae a flote "la perla de gran precio", genio creador original y vida. Así la voluntad vigorosa por medio de su actividad fecunda las inspiraciones del hombre despierto (iluminado).

Estas dos fuerzas mentales, íntimamente relacionadas, ejercen una influencia dominante sobre la raza porque su utilidad práctica es necesaria al libre desenvolvimiento del hombre. Si la imaginación dominase totalmente, se desbordaría finalmente en un tumulto de sueños y fantasías irrealizables, que no podrían lograrse con éxito en un mundo donde la ley natural es inexorable. Este es el "peligro" (Asenat) que la mente considera, y trae a expresión, en secuencia, voluntad y comprensión. "Lo más elevado y excelente en el hombre", dice Goethe, "no tiene forma, y debemos evitar darle forma alguna, excepto por acciones nobles."

El hombre es un agente libre en la posesión y uso de su facultad de voluntad. El libre albedrío se ha definido y contemplado en diversas formas. Es el tema de volúmenes de literatura teológica y también la piedra de tropiezo que ha dividido a los devotos fanáticos. La teoría de la predestinación releva al hombre de toda responsabilidad. Si Dios ha determinado cada una de las acciones en la existencia del hombre, entonces no puede haber libertad mental o moral. Si el hombre no puede decidir la naturaleza de sus acciones, carece de comprensión y voluntad; es una marioneta.

La comprensión y la voluntad tienen que activarse, especialmente en aquel que desea dominar las sensaciones del cuerpo. La esposa de Potifar representa la conciencia sensorial que nos seduce para complacer sus deseos, y cuando la negamos, nos aprisiona. Esto significa que cuando se le niega expresión a algún hábito en la conciencia de los sentidos, ésta reacciona y por algún tiempo parece obstruir nuestra expresión del bien. Pero si nosotros pacientemente esperamos nuestra oportunidad, lo más elevado en nosotros puede aún expresar el poder que Dios nos ha concedido.

Las diversas visitas de los hermanos de José para comprar trigo (Gen. 42:3), y la final reconciliación de todos, son representaciones simbólicas de la forma para hacer la conexión con la vitalidad oculta dentro del organismo y finalmente traer unificación con ella a todas nuestras facultades.

Se podrían escribir volúmenes sobre el tema de José. En su historia, según aparece en el Génesis, se simbolizan algunos de los procesos más interesantes de la regeneración. Este reino oculto dentro de la subconciencia del hombre es un egipcio, estado de obscuridad dentro de muchos de nosotros. No obstante, es un gran reino y su rey es Faraón, el rey del sol, esto es, el cerebro y el centro nervioso que la fisiología llama el plexo solar. Este es el cerebro del hombre físico y dirige la circulación, digestión, asimilación, y otras funciones. Los estudiantes de la mente han descubierto que el plexo solar es el órgano a través del cual un pensamiento prevaleciente en la mente se lleva al cuerpo. Aquél de "corazón endurecido", que no dejaba ir al pueblo de Israel, es la voluntad humana, actuando a través del plexo solar o ciudad del sol.

La vida espiritual en la subconciencia (los hijos de Israel en Egipto) se priva a menudo de expresarse a sí misma por la oposición de la voluntad. Si la comprensión decide que lo que ella concibe como la ley natural ha de ser el límite de la expresión, hay una mayor esclavitud y tareas más rigurosas. Cualquier estado mental inflexible, dictatorial o voluntarioso endurecerá el corazón. Esta actitud mental actúa sobre el plexo solar (la estación distribuidora para las fuerzas constructivas del cuerpo) y por eso lleva sus limitaciones a todo el sistema. Las arterias endurecidas son el resultado de pensamientos endurecidos, este endurecimiento tiene su origen en la voluntad. Jehová representa la ley del YO SOY en acción.

La ambigüedad del término "motivo" ha levantado mucha de la controversia acalorada que ha surgido acerca del tema del libre albedrío. Los defensores del libre albedrío generalmente suponen que antes de realizar una acción, la conducta del hombre se afecta por diversos motivos, ninguno de los cuales necesariamente determina su acción. Sus opositores, por el contrario, argumentan que no hay tal cosa como la selección inmotivada. Algunos sostienen que el verdadero libre albedrío consiste en elegir entre el bien superior y el bien inferior. Algunos lo ven como el poder de hacer lo que a uno le place o decide. Otros lo definen como el poder de hacer o escoger lo que uno debiera hacer.

De acuerdo con algunos metafísicos académicos, el libre albedrío incluye el poder de actuar en contra de todos nuestros motivos e inclinaciones o tendencias, siendo este poder inherente en la voluntad. Se ve fácilmente que esto que se llama "motivo" es otro nombre para comprensión y que es un aditamento necesario para esta facultad. Pero no todas las personas usan la comprensión como el reflec-

tor para ambos el motivo y la voluntad. La
mente indisciplinada siente el impulso que
está detrás del motivo y actúa sin considerar
causa o efecto. Esto es participar del conocimiento del bien y el mal sin escuchar la voz de
la sabiduría—el pecado de Adán, el hombre
no desarrollado. La comprensión puede ser
iluminada por la Mente crística y así recibir la
luz que "alumbra a cada hombre que viene al
mundo". Sin esta luz, el hombre infringe la
ley en casi toda actuación. La separación entre la comprensión y la voluntad ha resultado
en controversias interminables entre los que
han escrito y debatido acerca de la necesidad
de que el hombre goce de libre albedrío y los
que, a causa de los males que han venido sobre el hombre a través de sus deseos ignoran-
tes, han defendido la absoluta aniquilación de
la voluntad.

No necesitamos menos voluntad; necesitamos más comprensión. Jesús (luz espiritual)
mostró a Tomás (comprensión intelectual) las
heridas que la ignorancia había causado sobre
el cuerpo inocente. Los apóstoles de Jesús
representaban Sus propias facultades mentales. Cuando El los reclutó eran niños ignoran-
tes e indisciplinados del mundo natural. Pero
la imagen y semejanza de la Mente creativa

estaba en ellos para disciplinarlos en la sabiduría del Cristo (el YO SOY espiritual).

Como el poder ejecutivo de la mente, la voluntad humana es el polo negativo de la decisión espiritual. Justamente aquí es donde aquellos que estudian al hombre desde un punto de vista personal fallan al estimar su poder y responsabilidad. Como un mortal, viviendo en un mundo material, parece circunscrito y limitado en capacidad y destino. Los filósofos han estudiado al hombre en esta jaula mental y sus conclusiones han sido que él es poco mejor que un animal racional.

Pero hay una apreciación más elevada y verdadera del hombre, y ésta se hace desde lo que la escuela académica de filosofía llamaría el lado puramente especulativo de la existencia. Al no lograr discernir su origen espiritual, fallan al estimar su naturaleza real. Como un producto del hombre natural, la voluntad es a menudo una fuerza destructiva. Casi todos nuestros sistemas de enseñanza para niños se han fundamentado en la disciplina de la voluntad con el propósito de establecer autoridad sobre el niño y conseguir su obediencia. Recordemos que el derecho a ejercitar su libre albedrío se le otorgó al hombre desde el principio, de acuerdo con Génesis, y que a la voluntad debe siempre concedérsele su poder y libertad originales.

No obstante, es posible para el hombre identificarse en conciencia con la Mente Divina de tal modo que cada uno de sus pensamientos y acciones se mueva de acuerdo con esa Mente. Jesús logró esta unidad; cuando se dio cuenta que estaba usando Su voluntad, no en el nivel personal sino en lo divino, afirmó: "No se haga mi voluntad, sino la tuya".

Muchos cristianos sinceros han tratado de seguir en el camino de Jesús, y han sometido su voluntad a Dios en una forma negativa. Pero al hacer esto no han alcanzado el poder ni la autoridad de Jesús. La razón es que no han elevado su voluntad al grado espiritual positivo. Jesús no fue negativo en ninguna de Sus facultades, y no enseñó una doctrina de sumisión. El dio, a los que salían a predicar el Evangelio, el poder y la autoridad del Espíritu Santo. En Marcos 16:16-18 se indica que Jesús dijo: "El que creyere y fuere bautizado será salvo; mas el que no creyere, será condenado. Y estas señales seguirán a los que creen: en mi nombre, echarán fuera demonios; hablarán nuevas lenguas; tomarán en las manos serpientes y si bebieran cosa mortífera no les hará daño; sobre los enfermos pondrán sus manos y los sanarán''. Debemos creer en los poderes elevados y sumergirnos en la omnipresente corriente de agua de vida. Si fallamos al ejercitar nuestra fe en las cosas espirituales, nos condenamos a la prisión de la materialidad.

Algunos cristianos creen que la voluntad de Dios para los hombres es variable, que Su voluntad cambia; que El corrige al desobediente y castiga a los malvados. Esta visión de la naturaleza de Dios se obtiene del Antiguo Testamento. Jehová era el Dios de las tribus israelitas, al igual que Baal era el de los filisteos. Los conceptos de los hombres acerca de Dios se miden por su comprensión espiritual. El Jehová de Moisés es muy diferente del Padre, de Jesús; sin embargo, ellos son espiritualmente uno y el mismo Dios. ''No es la voluntad de vuestro Padre que está en los cielos, que se pierda uno de estos pequeños'', es la enseñanza de Jesús. El dio testimonio de que la voluntad de Dios es que los hombres no sufran: que a través de El pueden liberarse del pecado, la enfermedad y aun de la muerte. ''Dios amó tanto al mundo, que ha dado a su Hijo Unigénito, para que todo aquel que en El cree, no se pierda, mas tenga vida eterna.'' El pecado, la enfermedad, el sufrimiento y la muerte que los hombres sufren no son castigos impuestos por la voluntad de Dios; son resultado de su infracción a la ley. La ley es buena; los hombres experimentan gozo, satisfacción y vida en armonía perdurable, cuando guardan la ley. La creación no sería posible sin reglas para gobernar lo creado.

Es un error someter la voluntad de uno al dominio de cualquiera otra personalidad. El ejercicio de la voluntad personal bajo la guía de la comprensión personal es limitado y egoísta; por lo tanto, nunca es seguro permitir que otro nos aconseje. Practica la presencia de Dios hasta que abras tu conciencia al fluir de la omnipresente mente todo-sabedora; luego afirma tu unidad con esa mente hasta que sepas y realices plenamente, a través de las muchas avenidas de sabiduría, justamente lo que debes hacer. Lograr este conocimiento de la voluntad divina no es el trabajo de un instante; es el resultado del estudio espiritual persistente y paciente, oración y meditación. Aun Jesús, con Su elevada comprensión, halló necesario orar toda la noche. Todos los que han encontrado la paz y el poder de Dios han testificado sobre la necesidad de usar la oración para lograr la victoria del alma.

No debemos, mediante el intelecto, usar la voluntad para traer resultados para nosotros o para otros. La diferencia entre la voluntad personal y la voluntad universal puede descubrirse al practicar el control del pensamiento en el silencio.

Las afirmaciones que surgen tan sólo del intelecto van acompañadas de una sensación de tensión, como si la frente fuera aprisionada por fajas. Cuando este estado mental se sumerge en la subconciencia, los nervios se ponen tensos; si la práctica se continúa, el resultado es postración nerviosa.

Los estados mentales obstinados, voluntariosos, resistentes, obstruyen el libre fluir de la vida y producen calambres y congestión. La voluntad a menudo obliga a los diversos órganos del cuerpo a realizar un esfuerzo superior a su capacidad normal y los resultados se descubren luego en nervios y músculos tensos y vista y oídos deteriorados. Los niños desobedientes sufren de dolor de oídos, lo que demuestra el resultado directo de la obstinación en los nervios del oído. Las personas sordas deben tratarse para liberarse de la terquedad y obstinación. En el estado de conciencia actual de la raza, toda la gente hace uso excesivo de la voluntad intelectual. El remedio es relajación, meditación y oración diaria.

La voluntad, como la ejercita el hombre, es el polo negativo de la gran fuerza ejecutiva del universo. Al reconocerlo así en meditación silenciosa, se abre la voluntad al fluir de este poderoso principio acelerador, y el poder que mueve a la acción los miembros del cuerpo penetra en el reino invisible de las ideas y controla los elementos. Fue la comprensión de la voluntad universal la que capacitó a Jesús para decirle al viento y a las olas: "Paz, aquiétense".

La vida, la libertad y la búsqueda de la felicidad son los derechos inalienables del hombre, y nunca deben ser obstruidos. El hipnotismo, el mesmerismo y la mediumnidad están fundamentados en la sumisión de una voluntad a otra. El que desea dominar demanda la sumisión de otro en mente y cuerpo a sus propios pensamientos voluntariosos y palabras de poder directivo. El efecto en el que se somete es siempre debilitante y, de continuarse, resulta en una negación mental que lo convierte en la víctima de influencias malignas muy numerosas para mencionarlas.

"No se haga mi voluntad, sino la tuya" es una de las afirmaciones más trascendentes de Jesús y aquellos que lo siguen y guardan Sus palabras encuentran gran paz y descanso de mente y cuerpo.

Jesús, el ayudador poderoso, está siempre presente en los que procuran con estusiasmo ser cristianos y guardar la ley divina.

CAPITULO X

LEY Y ORDEN ESPIRITUAL

El capítulo 23 de Mateo es una filípica contra el ritualismo. Jesús cita a los escribas y fariseos ante el tribunal de la ley divina y los acusa de cometer una larga lista de crímenes en el nombre de la religión. El hace acusación tras acusación de delincuencia en el cumplimiento espiritual de la ley y advierte a Sus discípulos y a las multitudes mantenerse alerta para no dejarse convencer por estos ciegos líderes de ciegos. Entre otras acusaciones El dice:

Sí, porque atan cargas pesadas y difíciles de llevar, y las ponen sobre los hombros de los hombres . . . hacen todas sus obras para ser vistos de los hombres . . . ellos . . . aman los primeros asientos en las cenas, y las primeras sillas en las sinagogas... y que los hombres los llamen Rabí. Pero vosotros no queráis que os llamen Rabí: porque uno es vuestro Maestro, el Cristo, y todos vosotros sois hermanos. Y no llaméis padre vuestro a nadie en la tierra; porque uno es vuestro Padre, el que está en los cielos. Ni seáis llamados maestros; porque uno es vuestro Maestro, el Cristo. El que es el mayor de vosotros, que sea vuestro siervo. Porque el que se enaltece será humillado, y el que se humilla será enaltecido.

Mas ¡ay de vosotros, escribas y fariseos, hipócritas! porque cerráis el reino de los cielos delante de los hombres; pues ni entráis vosotros, ni dejáis entrar a los que están entrando.

¡Ay de vosotros, escribas y fariseos, hipócritas! porque recorréis mar y tierra para hacer un prosélito, y una vez hecho, le hacéis dos veces más hijo del infierno que vosotros...

¡Ay de vosotros, escribas y fariseos, hipócritas! porque diezmáis la menta, el eneldo y el comino, y dejáis lo más importante de la ley: la justicia, y la misericordia y la fe. Esto era necesario hacer, sin dejar de hacer aquello.

¡Guías ciegos, que coláis el mosquito, y tragáis el camello!

¡Ay de vosotros, escribas y fariseos, hipó-

critas! porque limpiáis lo de fuera del vaso y del plato, pero por dentro estáis llenos de robo y de injusticia. ¡Fariseo ciego! Limpia primero lo de dentro del vaso y del plato, para que también lo de fuera sea limpio . . .

¡Ay de vosotros, escribas y fariseos, hipócritas! porque edificáis los sepulcros de los profetas, y adornáis los monumentos de los justos, y decís: Si hubiésemos vivido en los días de nuestros padres, no hubiésemos sido sus cómplices en la sangre de los profetas.

Todos estos lamentos son por aquellos que viven la letra en lugar del espíritu de la ley. Pero Jesús no condenó la religión, ni las organizaciones religiosas. Sus censuras iban dirigidas a aquellos que aparentan enseñar y seguir la ley, pero se quedan cortos en la práctica.

Ahora mismo, sin embargo, los maestros de religión deben estar alertas al formular dogmas para las organizaciones religiosas. No dogmatices en credos ni en aseveraciones acerca del Ser, como reglas de gobierno para dirigir el pensamiento y acción de aquellos que se unen a tu organización. Estas son limitaciones y a menudo impiden el libre desarrollo a causa de la obstinación tonta en que haya consistencia. El credo que se escribe hoy puede que no sea adecuado para el punto de vista de mañana; por lo tanto, el fundamento religioso más prudente y seguro para todos los hombres es el que estableció Jesús: "El Espíritu de Verdad ... os guiará a toda la verdad". Una declaración que establezca las bases para la enseñanza es esencial en una institución religiosa, pero las cláusulas obligatorias deben omitirse.

La ley mosaica se había promulgado para beneficio de los hebreos pero su clase sacerdotal la había convertido en un impedimento para el progreso espiritual. Jesús era un iconoclasta, y adoptó como Su propósito especial el desobedecer casi todas las reglas de disciplina que los sacerdotes habían desarrollado. Por ejemplo, ellos tenían treinta y nueve preceptos con relación a la observancia del día del sábado. Estos eran casi todos insignificantes, tales como: no preparar alimentos, ni montar una bestia, no sacar agua del pozo, ni cargar bultos, ni salir de viaje; sin embargo, la muerte era el castigo para los culpables. Cualquier clase de trabajo realizado en sábado se castigaba con la muerte. El revolver granos de trigo en la mano se consideraba trabajo, así cuando los apóstoles de Jesús recogieron las espigas de trigo, los fari-

148

seos le dijeron: "He aquí tus discípulos hacen lo que no es lícito en sábado". Entonces Jesús les dio un sermón sobre las inmunidades provistas por las reglas para los sacerdotes en el día del sábado. Y terminó diciendo: "El sábado fue hecho para el hombre y no el hombre para el sábado".

El hecho es que el sábado como una institución fue establecido por el hombre. Dios no descansa de Su trabajo en cada séptimo día, y no hay evidencia de que jamás haya cesado por un momento la actividad del universo. Aquellos que más objetan por la observancia del sábado, se encuentran a cada momento con la evidencia de la actividad perpetua de parte de Aquél a quien alegan defender.

Se nos dice que los árboles, las flores, los planetas, los soles, estrellas y sistemas siderales son la obra de Dios; que Dios es el que los sostiene y gobierna, controla y dirige. No obstante los árboles, flores, plantas, soles y estrellas están activos el primero y el séptimo día de la semana, igual que todos los demás días.

Parecería adecuado que, si Dios destinó un día especial al reposo y en ese día El mismo, como se alega, descansó, El debería ofrecer alguna evidencia de ello en Sus creaciones, pero no lo ha hecho, hasta donde sabemos. La verdad es que la Mente Divina descansa en un sábado perpetuo, y que lo que parece trabajo no es tal cosa. Cuando el hombre se vuelve uno con la Mente-Padre, hasta sentirla conscientemente, él también reconoce esa paz eterna, en la cual todas las cosas se realizan. Entonces sabe que no está atado a ninguna condición, cualquiera que ésta sea, y que él es "Señor aun el día sábado".

El hombre nunca puede ejercer dominio hasta que sabe quién y qué es él, y al saberlo, trae a expresión ese conocimiento en lo externo al usarlo en el orden divino que es mente, idea y manifestación. Jesús horrorizó a los judíos al sanar enfermos, recoger grano y realizar otras acciones que a ellos les parecían sacrílegas en el día sábado. Los judíos instituyeron estos días sagrados y formalidades así como nuestros padres puritanos hicieron de la vida una carga con sus rígidas y absurdas leyes para reglamentar los actos religiosos del pueblo. Por siglos los judíos habían estado atándose a la rueda del fanatismo religioso y los puritanos realizaron una tarea similar en un lapso de tiempo más corto. La única diferencia entre ambos fue cuestión de tiempo.

Pero Jesús sabía que todas las reglas eclesiásticas rigurosas eran obra del hombre. "El sabía lo que el hombre era" y trató de sacar del error aquellas mentes confundidas.

El trató de hacerles comprender que el día sábado se había hecho para el hombre, y no el hombre para el sábado. Ellos se habían envuelto en ceremonias religiosas hasta el punto que su maquinaria eclesiástica dominaba todos los actos de su vida. No sólo estaban atados a su sagrada ley, sino que eran esclavos absolutos de ella.

Fue la misión de Jesús romper esta estructura mental que se había establecido por generaciones de servidumbre ciega a la forma y al ritual. La ley de Moisés se había hecho tan rígida que ataba a los judíos con sus glaciales trabas excluyendo toda razón y sentido común. Jesús vio esto y deliberadamente fue más allá de los límites de las normas religiosas a fin de lograr impresionarlos más efectivamente sobre el hecho de que la vieja dispensación mosaica estaba llegando a su fin. El les dijo que no había venido a destruir la ley, sino a cumplirla. Se refería a la verdadera ley de Dios y no a sus reglas externas de sacrificio, penitencia, observancia del sábado y cosas por el estilo. El sabía que estas reglas eran la letra, meramente superficiales; que eran en realidad impedimentos a la expresión de la vida espiritual interior.

El hombre no puede crecer en la comprensión del Espíritu, ni ser obediente a su dirección, si se lo impiden reglas externas de acción. Ninguna ley hecha por el hombre es lo suficientemente fuerte, verdadera o exacta para ser una guía permanente para nadie.

Si en tu camino hacia la luz has fijado un punto de realización cuyo logro piensas que habrá de satisfacerte, has creado una limitación que debes a la larga destruir. No hay punto de parada para Dios; no hay punto de parada para el hombre.

Si la iglesia vuelve a Moisés y a la vieja dispensación, ignorando las lecciones de Jesús, no es guía para ti. Si quieres ser Su discípulo, tienes que unir tu espíritu al Suyo.

Pablo, con sus creencias dominantes en la eficiencia de las formas antiguas, en ocasiones abrumó la doctrina libre de Jesús, pero ésa no es razón para que tú tengas que sentirte oprimido por ellas. Nunca podrás ser lo que el Padre desea que seas hasta que reconozcas que estás solo con El como tu único guía original, tan solo como si fueras el primer y único hombre. Puedes oír Su palabra cuando hayas borrado de tu mente toda tradición y autoridad de los hombres y, hasta que hayas hecho esto, Su Palabra nunca repercutirá con claridad en tu mente.

No es necesario que desprecies los escritos de los judíos, ni de los hindúes, ni de ningún otro pueblo, pero has de aceptarlos por lo que son—el récord, hecho por los hombres, de lo que han sido sus experiencias al comulgar con el Dios omnipresente. Como dijo Jesús a los fariseos: "Vosotros predicáis las escrituras porque pensáis que en ellas tenéis vida eterna; y ellas son las que dan testimonio de mí; y vosotros no venís a mí para que tengáis vida eterna". De todas las escrituras sagradas puedes obtener maravillosas y útiles sugerencias acerca del trabajo de Dios en las mentes de los hombres. Debes atesorar todas las palabras puras de Verdad que han escrito tus hermanos en el Espíritu, no obstante, ellos no son autoridad para ti, no debes decidirte a hacer nada sencillamente porque esté en las Escrituras como una ley de Dios para guía precisa del hombre.

Al hombre mortal le gusta sentirse dominado y fustigado para aceptar y obedecer rituales y preceptores, pero el hombre divino, el hombre de Dios, traspasa todas estas restricciones pueriles y va directo al Padre para toda instrucción.

Es tu privilegio ser tan libre como los pájaros, los árboles y las flores. "Ellos no trabajan ni hilan", pero son siempre obedientes al instinto divino y cada uno de sus días es un sábado. Ellos no temen a un Dios iracundo, a pesar de que fabrican un nido, extienden una hoja o abren un pétalo, lo mismo en el primer día de la semana que en el séptimo. Todos los días son días sagrados para ellos. Ellos viven en la santa Omnipresencia, siempre haciendo la voluntad de Aquel que los envió. Es nuestro deber hacer lo mismo. Lo que en ellos es instinto, en nosotros es obediencia amorosa consciente. Cuando hemos determinado escuchar la voz del Padre para hacer Su voluntad a cualquier costo, somos liberados de la esclavitud de las leyes hechas por el hombre. Nuestras ataduras—en forma de algún temor de infringir la ley divina—se deslizan en el mar de la nada, y nos sentamos en la orilla y alabamos al amoroso Todo-Bien porque nunca más nos sentiremos amedrentados por una conciencia acusadora o por la posibilidad de estar en desacuerdo con Su ley.

Pero no hemos de reñir con nuestro hermano sobre la celebración del sábado. Si él insiste que el Señor debe adorarse en el séptimo día, debemos unirnos a él gozosamente en ese día; y si sostiene que el primer día es el día de santificación, también lo aceptamos. No solamente servimos a Dios en alabanza, canción y acción de gracias en el séptimo y en el primer día, sino todos los días. Nuestras mentes se abren a Dios en todo momento. Estamos siempre preparados para reconocer Su sagrada presencia en nuestros corazones; es un perpetuo domingo en nosotros. No nos satisface separar un día de cada siete para practicar la religión, sino que al igual que los pájaros, los árboles y las flores, nos unimos en un jubiloso estribillo en acción de gracias en todo tiempo. Cuando trabajamos y cuando dormimos estamos alabando constantemente la sagrada Omnipresencia, cuya lámpara de amor arde perpetuamente en nuestros corazones y mantiene para siempre la luz de vida ante nosotros.

Esta es la celebración del día santificado de Dios que el divino sabio reconoce siempre. No es en iglesias ni templos levantados por el hombre en forma alguna, que él encuentra comunión con el Padre. El ha encontrado la verdadera iglesia, el cielo dentro de sí. Allí conoce al Padre cara a cara; no Lo saluda como a uno remoto en un lugar distante, a quien le comunica sus deseos a través de un profeta o sacerdote, sino que cada uno por sí mismo va al Padre en la más íntima camaradería. "Dios amó tanto al mundo, que le dio su propio Hijo Unigénito, para que todo el que en El cree, no perezca mas tenga vida eterna." Esto no significa que un hombre personal, llamado Jesús de Nazaret, fue enviado como una propiciación especial por los pecados del mundo, o que la única ruta disponible hacia la presencia del Padre es a través de esa persona. Ello sencillamente significa que Dios ha provisto un camino por el cual todos los hombres pueden entrar conscientemente en Su presencia dentro de sus propias almas. Este camino es a través del único Hijo de Dios, la conciencia crística, que Jesús demostró. Esta conciencia es el Hijo del Padre, siempre presente, morando como una semilla espiritual en cada uno de nosotros y preparada para germinar y crecer a tono con nuestra voluntad. El Hijo de Dios es en esencia la vida, el amor y la sabiduría del Padre mismo. A través de nosotros el Hijo se hace manifiesto como una individualidad viviente. El no puede ser exterminado en su totalidad. El crece para siempre en el centro de nuestro ser como la "luz que alumbra a todo hombre que viene al mundo".

Creer en el Hijo es llegar a un acuerdo con El, con Sus condiciones de expresión. Es la cosa más sencilla del mundo. Sólo cree que El es el Unigénito del Padre. No creas que hay otros hijos más sabios que El y que de ellos puedes obtener sabiduría, orientación y comprensión, sino sabe que El es realmente el Unigénito.

Esta distinción es un punto vital que debes captar, y una vez lo hayas percibido, tu jornada de regreso a la casa del Padre es fácil. "Nadie viene al Padre, sino por mí", el único Hijo está constantemente diciendo en tu corazón y tú no debes ignorar Su presencia si deseas conocer las dulzuras del hogar celestial donde el amor de Dios eternamente quema su incienso de paz, abundancia y satisfacción. Deja que el Cristo se forme en ti, fue la admonición de Pablo. Esta no es hipérbole o abstracción, sino la declaración de una regla definida de procedimiento que puedes descubrir y probar llegando a un acuerdo con este Hijo morador del Padre. Sus condiciones no son severas. Son sencillamente obediencia, obediencia.

Jesús de Nazaret encontró esta llama interna y la dejó arder en todo su cuerpo. Ella lo iluminó de tal modo que Su presencia reconforta a todo hombre enfermo de pecado hasta el día de hoy.

Pero nadie vive por reflejo. Tú no podrías vivir un momento si no fuera por este Unigénito del Padre en ti. Así que tú no puedes crecer y vivir de la luz reflejada de Jesús de Nazaret. El Unigénito de Dios debe surgir en ti como lo hizo en Jesús. Así tu vida será permanente y las disenciones de la carne desaparecerán para siempre; entonces tu sábado se te revelará.

El trabajo redentor, restaurador y regenerador que el Cristo de Dios hizo a través de Jesús no es ignorado por los metafísicos cristianos. Sin embargo, la salvación de los hombres de los pecados de la mortalidad no se consumó por el hombre Jesús sólo; fue por medio del poder del Cristo en Jesús que Dios proveyó vida y sustancia purificada para los cuerpos corruptibles de los hombres. El cuerpo de Jesús se usó como el vehículo a través del cual un fresco y puro manantial de vida y una sustancia regenerativa se hicieron disponibles a todos aquellos que los aceptan. La sustancia redimida del cuerpo del Señor es tan esencial a la plena salvación como Su sangre.

Además, ésta es una salvación que debe lograrse aquí en la tierra y no después de la muerte. El cuerpo de Jesús fue transformado o cambiado de la carne corruptible del hombre promedio a la sustancia incorruptible del hombre divino. Cuando comamos y bebamos de Su cuerpo nos volveremos semejantes a El en la percepción del cuerpo. Este proceso de restauración del cuerpo del hombre a su pureza original es la base de la curación divina o espiritual. La redención completa del cuerpo puede que no se logre en una encarnación, pero todo el que acepte el Cristo como vida y sustancia y se ajuste a vivir en la rectitud como enseña el Espíritu de Verdad, finalmente se sentará con Jesús en el trono del dominio sobre la enfermedad y la muerte.

Hay una ley de crecimiento espiritual y mental trabajando constantemente en la mente del hombre, una ley que levanta al hombre de la conciencia sensorial, o Egipto, a la conciencia espiritual o Canaán. Moisés significa "sacado" y en la simbología de las Escrituras representa este proceso progresivo para hacer salir o sacar fuera, que trabaja de lo interno hacia lo externo. Cuando esta tendencia ascendente de todas las cosas se aplica al universo, la ciencia la llama la ley de la evolución. En nuestra interpretación espiritual observamos el funcionamiento de la ley en el individuo, porque por ese método podemos demostrar claramente la lección. Por medio del uso inteligente de las insinuaciones que se nos ofrecen, nos aplicamos la lección con gran provecho para nosotros.

La involución siempre precede la evolución. Todo aquello que la mente concibe evoluciona a través de la materia. José, abajo en Egipto, representa la involución en la materia de una idea espiritual elevada. La idea espiritual atrajo a otras ideas similares (los familiares de José), y ellos se multiplicaron en la tierra de Egipto. Se calcula que los hijos de Israel aumentaron de unas pocas veintenas a dos millones por lo menos. Esto ilustra el hecho de que los pensamientos espirituales crecen con rapidez extraordinaria en la conciencia cuando tienen la Verdad como núcleo.

No obstante, estos pensamientos verdaderos que se han multiplicado tan abundantemente son esclavos de los egipcios (conciencia sensorial) y es necesario hacer un esfuerzo especial para liberarlos. Tenemos nuestros ideales elevados, pero a causa de que la vida temporal nos parece tan importante, estos ideales tienen que trabajar del modo más servil para llevar hacia adelante este espectáculo pasajero. Llega un momento, sin embargo, en que nos rebelamos contra esta tiranía; nos levantamos honradamente indignados y en forma violenta destruimos la antagonista naturaleza sensorial, así como Moisés mató al egipcio. Pero éste no es el camino correcto. No vamos a ser liberados por la supresión de los sentidos o por la superación violenta, sino por una firme demostración, paso a paso, para superar cada uno de nuestros errores. El Señor reconoce los derechos del hombre físico y El endurece el corazón de Faraón para que sostenga por un tiempo su sitio apropiado en conciencia.

La huida de Moisés al desierto representa la disciplina a que debemos someternos cuando buscamos al Uno (al Altísimo). Horeb significa "soledad", esto es, tenemos que ir a la soledad o silencio interior y guiar nuestro rebaño de pensamientos a lo más profundo del desierto donde mora el Altísimo, el YO SOY, cuyo reinado es buen juicio. Ahí permanecemos en adiestramiento durante cuarenta años, o hasta alcanzar un estado mental de cuatro dimensiones o balanceado. Entonces la luz de la intuición, llama sagrada, arde en nuestros corazones, sin consumirlos— no hay pérdida de sustancia. En el proceso de pensar con el cerebro se producen vibraciones que consumen tejido nervioso, pero en la sabiduría que viene del corazón, la "zarza" o tejido no se consume. Este pensamiento, centrado en sabiduría, es "tierra santa", o sustancia espiritual en su integridad total: esto es, la idea de sustancia en la Mente Divina. Cuando el hombre se aproxima a esta tierra santa, debe eliminar de su comprensión todos los pensamientos limitados acerca de lo Absoluto—él debe quitarse sus zapatos.

Es en este centro de sabiduría en nosotros que Dios se proclama a Sí Mismo como el Padre de los patriarcas, el Dios de Abraham, Isaac y Jacob; así nuestro Padre real se nos revela como Espíritu.

En nuestra comunión en el silencio con la luz interior, la esclavitud de lo mayor a lo menor se nos revela, y el verdadero camino hacia la liberación se nos indica. Vemos las posibilidades del hombre y las bienaventuranzas de la "tierra prometida" a la cual podemos elevar todo pensamiento. Pero Moisés era muy manso—nos sentimos incapacitados y decimos: "¿Quién soy yo, para ir ante Faraón y decirle que sacaré a los hijos de Israel fuera de Egipto?" Entonces recibimos la seguridad de que el poder de Dios es en nosotros—"Ciertamente yo estaré contigo". Es en el reconocimiento del poder y la presencia de Dios en nosotros que descansan nuestra fortaleza y habilidad. Jesús, el gran maestro espiritual, dijo: "El Padre que mora en mí hace sus obras".

Todas las grandes estructuras se erigen sobre cimientos firmes. Cualquiera a quien el Señor llame para un trabajo tendrá éxito al fin, si establece sus cimientos profundos y fuertes en comprensión espiritual. Esta comprensión se logra a través de la meditación y el estudio en el silencio. Moisés vivió por cuarenta años apartado de los lugares predilectos de los hombres, aprendiendo a conocer a Dios "cara a cara".

En nuestras meditaciones y oraciones silenciosas debemos infundir en los reinos internos de nuestra mente la misma energía que, usada en lo exterior, nos haría famosos en alguna realización mundana. Pero a menos que hagamos este trabajo interno y asentemos la base de fortaleza y poder en la mente subjetiva, nos encontraremos con que nuestra salud falla cuando se nos requiere un esfuerzo excepcional en alguna gran obra.

El ángel del Señor, la llama de fuego y el arbusto (la zarza) están todos en nuestra conciencia, y se manifiestan por conducto de la concentración interior. El arbusto es un centro nervioso a través del cual fluye la energía de vida universal, igual que la electricidad circula por un alambre, produciendo luz, pero sin consumirlo. El ángel es la inteligencia directora, siempre presente en toda actividad o función vital.

Al hombre, en primer lugar, lo atrae el aspecto fenomenal de las cosas espirituales; luego cuando da su atención al propósito de descubrir la causa, el Señor se revela a Sí mismo. Cuando Moisés se volvió y empezó a investigar, encontró que estaba en tierra santa. Las fuerzas del Espíritu en el centro del cuerpo del hombre son tan intensas, que la conciencia externa no puede soportar la corriente y mantenerse unida a este fuego interior del pensamiento espiritual puro. Removerse las sandalias simboliza eliminar del entendimiento todos los conceptos materiales.

El Espíritu del Señor ha estado evolucionando en la subconciencia, encarnación tras encarnación. Este YO SOY fue el agente que movió a Abraham, Isaac y Jacob—el Señor está presente en todos.

Egipto es estrictamente conciencia material. Tiene relación con el sentido físico de la vida; con el cuerpo físico. Canaán es vida y sustancia en un estado radiante; aquí el Espíritu encuentra su expresión natural. Los pensamientos que pertenecen al cuerpo radiante se han convertido en esclavos de los sentidos materiales y el Ser Superior, el Señor, los liberará. Pero para hacer esto, la comprensión espiritual debe hacerse parte de su conciencia. Todas las cosas se crean por y a través de ciertos estados mentales o de conciencia.

La elevada conciencia espiritual se infunde en la conciencia mortal o personal. El yo personal debe investirse del supremo YO SOY. Cuando éste se percibe por primera vez, se experimenta un sentimiento de ineptitud. Pero la promesa del Señor de estar presente en todas las circunstancias es una poderosa seguridad interna de ley y orden espiritual.

Los metafísicos cristianos han aprendido por experiencia el poder de las palabras y pensamientos que se envían en el nombre del supremo YO SOY. La palabra del Señor, pronunciada por hombres naturalmente débiles ha producido resultados maravillosos porque ellos han centrado sus mentes no en sus propias nociones de debilidad ni en sus habilidades como hombre, sino en el poder del supremo YO SOY. El Señor Dios, hablando a través de ellos, hace el trabajo del Maestro. "Yo no hablo por mí mismo; sino el Padre que mora en mí (supremo YO SOY) hace sus obras."

Moisés y Faraón representan dos fuerzas trabajando en la conciencia, especialmente en aquella parte que pertenece al cuerpo. Moisés representa la fuerza evolucionaria de nuevas ideas que han crecido en la subconciencia. Estas fuerzas luchan con los viejos estados de limitación e ignorancia material, tratando de levantarse de sus profundidades hacia una expresión de vida más elevada. El levantamiento hacia una vida más elevada lo representa el hombre Moisés cuyo nombre significa "sacado fuera". Cuando niño él fue sacado del agua, una condición negativa, no obstante, condición universal para la evolución de la vida. Faraón representa la fuerza que gobierna al cuerpo bajo el régimen material. El Señor es la ley universal, cuyo impulso es siempre hacia arriba y adelante. Descubren aquellos que están pasando por el proceso de regeneración que en la historia de Moisés, las Escrituras describen simbólicamente, que estas dos fuerzas están constantemente trabajando en la conciencia, una asiéndose a las ideas antiguas y luchando por perpetuarlas en la forma, y la otra idealizando lo nuevo y haciendo grandes esfuerzos para romper con el cautiverio material y elevarse sobre sus limitaciones. Pablo dice: "Porque el deseo de la carne es contra el Espíritu y el del Espíritu es contra la carne" (Gal. 5:17). Mirándolo desde el punto de vista personal, es probable que gritemos ante este reto: "¿Quién me librará de este cuerpo de muerte?" Pero como filósofos con una comprensión de la ley de cambio, establecemos el balance entre estas dos fuerzas y las dejamos trabajar bajo el equilibrio del preservador universal de todas las formas, el Señor.

Hay consolación para los que se retuercen bajo los azotes de la ley regenerativa. A causa de sus muchas derrotas y del paso de tortuga a que avanzan, ellos piensan que están fuera de ruta. Sin embargo, no lo están. Lograrán su bien si perseveran y pacientemente esperan en el Señor. Si la energía del Espíritu se vertiera en su cuerpo instantáneamente, ésta destruiría el organismo, a causa de las impurezas de la carne; pero por y a través del ajuste evolucionario del hombre natural, el Espíritu no solamente preserva, sino que levanta la sustancia y vida del organismo. El propósito de nuestros pensamientos espirituales (los hijos de Israel) en lo profundo del cuerpo (Egipto) es levantar el cuerpo—gradualmente para infundir en él una vida y sustancia más duraderas. Al mismo tiempo nuestros pensamientos espirituales obtienen la sustancia (trigo) que ha de sostener su existencia en el mundo de las formas.

Cuando tú afirmas la espiritualidad en el cuerpo, y anhelas liberarlo de su esclavitud, estás haciendo reclamaciones a Faraón. Ante el temor de perder de repente su agarre a la vida, él endurece su corazón, y algunas veces el Señor, la ley universal de equilibrio, lo endurece para él. Entonces aparentemente has fracasado al no lograr aquello que has tratado de demonstrar. Pero se ha adelantado un paso en la evolución del cuerpo y encontrarás que gradualmente te estás fortaleciendo tanto física como espiritualmente.

Hay puntos culminantes en esta tendencia hacia el refinamiento de la conciencia, y en ellos hacemos un esfuerzo notable y realizamos un gran levantamiento. "Joyas de plata y oro" representan sabiduría y amor en un sentido externo, que son exigidas o reclamadas por los hijos de Israel. (Las palabras "tomar prestadas" en la Versión Autorizada es un error). El significado es que debemos afirmar que toda sabiduría y todo amor, aun en sus manifestaciones más externas, son espirituales. Al afirmar esto ponemos al Espíritu en el dominio de ambos, lo interno y lo externo y prescindimos del poder externo prevaleciente, que es el "primogénito en la tierra de Egipto". El primogénito de cada estado de conciencia es el *yo* personal. Cuando permitimos que el torrente de luz universal penetre en nosotros por medio de nuestra afirmación de la única sabiduría y el único amor, este *yo* de todo estado mortal de conciencia se destruye y hay un "gran clamor a través de toda la tierra de Egipto".

Podemos mentalmente haber afirmado nuestras más sinceras declaraciones y haber cumplido en apariencia con toda la ley, pero Faraón todavía no deja ir a nuestro pueblo— no hay realización de libertad en la conciencia corporal. Otro paso hacia la libertad es necesario, el cual es simbolizado por la celebración de la Pascua. En todo cambio de conciencia en el plano físico, se quiebra la resistencia de algunas células y se construyen nuevas células para ocupar su sitio. Mentalmente esto es negación y afirmación y este proceso en el cuerpo es el resultado de estos dos movimientos en la mente que han ocurrido en algún periodo anterior. Dejamos ir la vida animal y nos asimos a la espiritual, entregándonos conscientemente a este proceso de "pasar por alto" que tiene lugar cuando las nuevas células reemplazan a las viejas. El cordero que se sacrifica y se come en la noche representa entregar la vida animal en la obscuridad del cuerpo mortal. El mandato es que el cordero sea sin mancha ni imperfección y que se coma totalmente después de asado al fuego. Esto se refiere a la completa transmutación y entrega de la vida humana después de ser purificada por el fuego de la regeneración. El fuego representa el estado mental afirmativo, positivo, en oposición al negativo o estado acuoso. Los hijos de Israel recibieron órdenes de no permitir que el cordero quedase "remojado". Este es el participio pasivo de un antiguo verbo inglés que significa "hervir". (Ex. 12:9 dice: "ninguna cosa comeréis de él cruda, ni cocida en agua, sino asada al fuego".) No debemos permitir que la vida en nuestro organismo hierva y se agite con las preocupaciones y palabras negativas de mortalidad, sino que debemos encenderla con firmes palabras de Verdad absoluta.

Esto nos enseña que debe haber un sacrificio físico al igual que uno mental, y que la "totalidad de la congregación de los hijos de Israel" se unirá en él; esto es, la conciencia total de anhelo espiritual deberá aceptarlo. Muchos metafísicos piensan que no es necesario cambiar los hábitos del hombre sensorial—que uno solamente tiene que conservar sus pensamientos rectos, y la carne se reglamentará completamente por medio de eso. Pero las Escrituras enseñan que debe haber un cambio físico consciente antes de que la demostración se manifieste por completo en la mente y el cuerpo. Los pensamientos trabajan y se transforman en cosas y nosotros obtenemos el resultado pleno de su trabajo solamente cuando los seguimos conscientemente cada paso del camino y a la vez los ayudamos. Observa tus pensamientos mientras trabajan para abrirse paso a través de tu organismo, y si encuentras que algún pensamiento puro de vida espiritual está luchando para liberar la vida en los apetitos y pasiones de tu Egipto físico, ayúdalo elevando conscientemente esa vida a la puerta abierta de tu mente. Esto lo representa la sangre del cordero en los dos postes laterales y en el dintel de la puerta de la casa. No temas expresar tu vida interna al Señor, porque solamente en perfecto candor e inocencia infantil, puede el hombre entrar bajo la protección de la ley divina.

Mientras haya un uso secreto, oculto, de la vida de Dios en nuestros hábitos y modos de actuar, hasta entonces el Faraón de Egipto nos mantendrá esclavos en sus garras. El hombre completo debe ser puro, y su vida interior debe hacerse tan libre y abierta que él no tendrá miedo de ostentarla sobre las propias puertas de su casa, donde todos los que pasen puedan leer. Entonces el Señor ejecutará Su juicio y aquellos que hayan purificado la vida del cordero en el cuerpo, escaparán del mensajero o pensamiento de muerte.

CAPITULO XI

CELO—ENTUSIASMO

El EGO, el YO libre, imperecedera e inalterable esencia del Espíritu, que es el hombre, elije cada estado de conciencia y toda condición en la cual funciona. El no crea las sustancias básicas que entran a formar parte de estas estructuras mentales, pues ellas fueron provistas desde el principio, pero les da forma y distintivo en la conciencia, al igual que hacen los hombres al construir casas de madera, piedra o cualquier otro material que decidan usar en lo manifestado.

Todos estos estados mentales se construyen bajo el poder dinámico del gran impulso universal que está detrás de toda acción—entusiasmo o celo. El celo es la fuerza poderosa que impulsa los vientos, las marea, las tormentas; impele al planeta en su curso e incita a la hormiga a realizar un gran esfuerzo. Carecer de celo es no sentir el placer de vivir. El celo y el entusiasmo inspiran a realizaciones gloriosas en todo propósito e ideal que la mente concibe. El celo es el impulso para seguir adelante, la urgencia detrás de todas las cosas. Sin el celo, el estancamiento, la inercia y la muerte prevalecerían en todo el universo. El hombre sin entusiasmo es como una máquina sin vapor o un motor eléctrico sin corriente. La energía es celo en movimiento y la precursora de todo efecto.

Si deseas una cosa, pones en movimiento la maquinaria del universo para llegar a poseerla, pero debes ser entusiasta en su búsqueda para lograr el objeto de tu deseo. El deseo precede toda acción de tu vida, por lo tanto, es bueno. Es la verdadera esencia del bien; es Dios Mismo en una fase de vida. Cuando a Jesús lo llamaron bueno, dijo: "¿Por qué me llamáis bueno? Nadie es bueno sino uno, Dios". Por lo tanto, el deseo universal de realización, dando su poderoso impulso a todas las cosas, es divinamente bueno. El entusiasmo divino no excluye personas ni objetos; no establece diferencias. Se mueve a nuevas formas de expresión aun en aquello que parece corrupto. Tiñe de color la mejilla del bebé inocente, fulgura desde el ojo del salvaje renegado e ilumina de pureza la faz del santo.

Algunos han llamado Dios a este impulso universal de vida, y han dejado la impresión de que el mismo es todo de Dios y que los atributos de la Mente Divina están, por lo tanto, comprometidos como una entidad consciente en toda situación en donde la vida se manifieste. En este aspecto, ellos carecen de discernimiento. El Espíritu de Dios fluye en poderosa corriente de vida, amor, sustancia e inteligencia. Cada uno de estos atributos está consciente solamente del principio que en él se implica y del trabajo que ha de ejecutar. A pesar de que la misión del hombre es combinar estas inagotables potencialidades bajo la dirección de la ley divina, el hombre es libre para hacer su voluntad. Pero la ley divina no puede quebrantarse y ella hace al hombre responsable del resultado de su trabajo. El hombre no puede corromper la pureza inherente de ninguno de los atributos de Dios, pero puede combinarlos equivocadamente en estados de conciencia que le causen insatisfacción e imperfección. Su privilegio es aprender las relaciones armoniosas en el pentagrama de la existencia con tan magistral arte, que no pueda percibirse ninguna clase de discordia. Así la vida se convierte para él en una canción de júbilo, y sabe absolutamente que, en su esencia, todo es bueno.

Nunca reprimas el impulso, la energía, el celo que están manando dentro de ti. Comulga con éste en espíritu, alábalo por su gran energía y eficiencia en acción. Al mismo tiempo analiza y dirige su curso. Como celo solamente, carece de inteligencia o discreción en cuanto a los resultados. Al igual que Jesús enseñó a Sus discípulos y combinó sus diversos talentos, asimismo todo hombre debe crecer en sabiduría y celo. Tú no debes reprimir, sino dirigir el espíritu de entusiasmo, el cual en cooperación con la sabiduría te traerá felicidad y satisfacción.

El celo es el impulso afirmativo de la existencia; su mandato es: "¡Sigue adelante!" A través de este impulso el hombre forma muchos estados de conciencia de los cuales se cansa finalmente. Pueden haberle servido un buen propósito en su día en el gran plan sistemático de la creación, pero según el hombre capta la visión de propósitos más elevados, el celo lo estimula a seguir adelante hasta lograr su realización.

Deja que tu entusiasmo se modere con sabiduría. "El celo de tu casa me ha consumido", significa que la facultad de entusiasmo se ha vuelto tan activa intelectualmente que ha consumido la vitalidad sin dejar nada para el crecimiento espiritual. Uno puede tornarse tan entusiasta por divulgar la Verdad que se provoque una postración nerviosa. "Toma tiempo para ser santo." Usa una parte de tu celo para hacer la voluntad de Dios al establecer Su reino dentro de ti. No dediques todo tu entusiasmo a enseñar, predicar, sanar y ayudar a otros. Ayúdate a ti mismo. Muchos trabajadores espirituales entusiastas han dejado que su celo por demostrar la Verdad a otros les robe el poder para demostrarla a sí mismos. No dejes que tu celo te arrebate el juicio. Algunas personas se encienden con tanto celo que cuando por vez primera emprenden una tarea, se cansan pronto de ella, y finalmente son "despedidos" de todo trabajo que inician.

Observa el primer arranque de una locomotora gigante; nota como lenta pero firmemente se mueve hacia adelante, casi pulgada a pulgada al principio, pero gradualmente va aumentando su velocidad, hasta que su tren del largo de una milla desaparece repentinamente en la distancia.

El hombre es un dínamo de energía reprimida, pero necesita juicio para usarla. Aun el amor (Juan) "lo más grande del mundo" está vinculado en la integración de los doce poderes de Jesús con Santiago (juicio). Jesús llamó a estos hermanos "Hijos del trueno", comparando el efecto de su poder combinado con las asombrosas vibraciones generadas por la energía eléctrica irrefrenada. El juicio le dice al amor: "Mira antes de saltar". No dejes que el celo altruista y el entusiasmo por el ser amado robe tu buen juicio. Recuerda que estos dos son hermanos y que tú debes sentarte en el trono del dominio de tu YO SOY, con el amor a tu derecha juzgando a las doce tribus de Israel. En estos símbolos vemos retratado el aplomo y la supremacía del hombre regenerado, dirigiendo y disciplinando todo su pueblo de pensamientos con sabiduría y amor.

Hasta los doctores están empezando a advertir las contiendas emocionales que ocurren entre el amor y la sabiduría en nuestro sistema nervioso. Algunos de ellos dicen que la indigestión puede ser producida por la alteración que nuestras emociones provocan en los delicados conjuntos de nervios en el plexo solar, y que pueden resultar en trastornos estomacales permanentes. Los metafísicos siempre han enseñado que las vibraciones competidoras o "truenos" entre el amor y la sabiduría causan enfermedades del estómago y el corazón no solamente agudas, sino crónicas.

El corazón dice: "Yo amo", y la sabiduría dice: "Pero tú no puedes tener lo que amas"; la disputa sigue noche y día, y los nervios son triturados por las emociones beligerantes.

El amor decepcionado puede reducir la vitalidad hasta el punto de desvanecerla mientras se culpa a cualquier otra enfermedad física.

Innumerables combinaciones de pensamientos y sus emociones concomitantes envían constantemente sus vibraciones o "tronadas" a diversas partes del cuerpo por conducto de los cables nerviosos que salen de los numerosos centros ganglionares.

Jesús tuvo dos apóstoles llamados Simón, pero ellos representan talentos o facultades diferentes en la mente del hombre. Simón-Pedro representa receptividad de arriba, y Simón el cananeo, representa receptividad de abajo. Simón significa "audición" y Canaán "celo". Los cananitas vivían en las planicies bajas, así sabemos que la facultad designada por Simón el cananeo tiene su origen en la conciencia corporal.

Pero la receptividad hacia, y el celo por, la

verdad que se manifestaron en Simón el cananeo lo estaban levantando a la conciencia espiritual. Esto lo vemos simbolizado en Hechos: 1:13, donde está escrito: "Y entrados subieron al aposento alto, donde moraban". Entre ellos se menciona a "Simón el Zelote".

Para crecer espiritualmente debemos siempre tener cuidado de ejercitar nuestro celo en asuntos espirituales, ya que los cristianos están propensos a envolverse en asuntos comerciales mientras llevan hacia adelante el trabajo del Señor. Debemos recordar que Jesús dijo: "Dios es Espíritu, y los que le adoran es necesario que le adoren en espíritu y en verdad". Cuando Jesús echó fuera del templo a los cambistas, Sus discípulos recordaron que estaba escrito: "El celo de tu casa me consumirá". Con esta acción Jesús estaba echando fuera de Su cuerpo-templo los pensamientos de intercambio comercial. Esto se explica en el contexto, Juan 2:18. Los judíos dijeron: "¿Qué señal nos muestras ya que haces estas cosas? Jesús les contestó: Destruid este templo, y en tres días lo levantaré ... mas él hablaba del templo de Su cuerpo".

Cualquier cosa que ocurre en el mundo alrededor de nosotros tiene su contraparte en algún proceso de pensamiento en nuestro cuerpo.

Todo invento del hombre es un duplicado de alguna función en el cuerpo humano. La explosión de gasolina en el cilindro de un automóvil es una copia de la explosión de la sustancia nerviosa en el centro de las células del cuerpo. El fluido nervioso es conducido a una cámara nerviosa que corresponde a la cámara de combustión en el automóvil, donde este fluido se electrifica y su energía se libera. En el cuerpo humano el celo espiritual, esto es, entusiasmo, electrifica la sustancia nerviosa la cual se transforma en energía.

Los pensamientos construyen centros nerviosos y cerebrales que sirven como distribuidores de sustancia vital manufacturada en el cuerpo. Las vitaminas en los alimentos que comemos son almacenadas por la química del cuerpo y liberadas en pensamiento y acción.

Cada pensamiento y emanación de la mente libera parte de esta sustancia almacenada. Nosotros, la inteligencia gobernante, con nuestra mente consciente dirigimos esos procesos en forma muy parecida a la que emplea el conductor de un automóvil.

El conductor del automóvil debe familiarizarse con el mecanismo de su carro. Pero en la gran mayoría de los casos, el conductor sabe solamente lo necesario para ejecutar algunos movimientos mecánicos, y el carro hace lo demás.

Asimismo la gran mayoría de los seres humanos sabe muy poco de la delicada interacción de mente-y-cuerpo. Ellos ejecutan algunas acciones superficiales necesarias, llaman al médico cuando algo no funciona, y finalmente arrojan el viejo "bote" al basurero.

El celo extraordinario en la realización de algún ideal desarrolla lo que llamamos genio. Jesús de Nazaret fue indudablemente el más grandioso genio que se haya desarrollado jamás en esta tierra. El no se menciona generalmente entre los genios de la tierra, porque fue uno de naturaleza tan trascendental que se clasifica entre los dioses. El manifestó la mente de Dios como ningún otro jamás lo ha hecho, no obstante fue un hombre, y en esto radica Su genio.

En Su humanidad desarrolló la habilidad extraordinaria en sabiduría espiritual, amor y poder. Ha habido hombres que nos han hablado acerca de Dios, pero ninguno que haya demostrado la sabiduría y poder de Dios como lo hizo Jesús.

Su celo al hacer la voluntad de Dios lo hizo un genio espiritual en forma humana.

Como otros que manifiestan genio original, Jesús obtuvo su genio de lo interno. No se sabe que fuera educado en las escuelas teológicas de Su tiempo; sin embargo, demostraba una perspicacia y comprensión de la religión que sorprendía a Sus asociados. Ellos, en efecto, exclamaban: "¿Dónde adquirió este hombre sabiduría si nunca ha estudiado?"

El genio es el celo acumulado por el individuo en algún campo seleccionado de acción vital. La idea de que Dios ha dotado arbitrariamente a algunas personas con habilidades superiores no es buena lógica, y nos presenta un Dios parcial. Dios no tiene favoritos, a pesar del hecho de que las Escrituras en algunos casos lo interpretan así. "Dios no hace acepción de personas." "Este es mi Hijo Amado, en quien tengo complacencia", es el hombre espiritual o ideal, el Mesías, el hombre-Cristo, que constituye el modelo que todo hombre debe seguir.

Sin embargo, vemos en dondequiera evidencia de una gran variedad de características entre los seres humanos y, mirando la vida superficialmente, pensamos que Dios ha dado ventajas en mente, cuerpo y asuntos a algunos hombres que no ha dado a otros.

Pero, eso que vemos con el ojo de la carne es

solamente la manifestación física del hombre.
El espíritu y la mente deben tomarse en consideración y volverse factores en nuestro razonamiento antes de que podamos conocer y estimar adecuadamente al hombre íntegro.

El cuerpo representa solamente una tercera parte del ser del hombre. El hombre es espíritu, alma y cuerpo. El espíritu es aquella parte en el hombre que dice YO SOY, y ha existido por toda la eternidad. El espíritu es el hombre potencial—el alma es el hombre demostrado. El alma es la memoria del hombre, consciente y subconsciente. Hemos guardado en nuestra mente subconsciente la memoria de toda experiencia que hemos pasado desde que empezamos a pensar y actuar por nosotros mismos. El alma es la mente y la mente es el hombre.

La raza a la cual pertenecemos en este planeta empezó a pensar y actuar conscientemente hace muchos millones de años. Dios solamente sabe la edad exacta de todo hombre. Jesús dijo: "Aun vuestro cabellos están todos contados".

Toda experiencia, toda realización, todo fracaso y todo éxito se recuerda y se almacena en la mente subconsciente. Con cada nacimiento físico no se crea un alma nueva.

Un nacimiento físico es sencillamente un alma tomando otro cuerpo. Todo hombre que habita en esta tierra y en los reinos psíquicos contiguos que la rodean, ha pasado muchas veces por este proceso de morir y reencarnar. Tú que lees estas líneas has tenido experiencia como un alma pensando y actuando libremente por millones de años, en vez de la veintena o tres veintenas de años que el hombre mortal cuenta. Emerson dijo: "No te dejes engañar por los hoyuelos y rizos; ese niño tiene mil años de edad".

Por lo tanto, surge la pregunta: "¿Cosechamos siempre los frutos de nuestras acciones en la tierra en alguna vida terrenal futura?" Ciertamente: "Todo aquello que el hombre siembre, eso mismo cosechará". Aquí en esta tierra es donde se cosecha. Cuando un hombre cede su dominio sobre el cerebro y el sistema nervioso, entrega la única avenida a través de la cual puede expresarse adecuadamente.

Así la muerte es el gran enemigo que tenemos que vencer, según se enseña en la Escritura. La muerte vino al mundo por la ignorancia de Adán y debe marcharse a través de la comprensión crística.

El genio es el resurgimiento de realizaciones acumuladas por el hombre en aquel campo de actividad que ha trabajado con gran celo a través de muchas encarnaciones. Mozart tocaba el órgano a los cuatro años sin haber recibido enseñanza alguna. ¿De dónde surgió tan maravillosa habilidad musical? Una historia de su alma podría demostrar que había cultivado la música por siglos, llevando de una encarnación a otra su entusiasmo por la armonía del sonido hasta convertirse en el alma misma de la música.

El genio de Shakespeare fue la experiencia acumulada de un hombre que había sido poeta y filósofo desde que "las estrellas matutinas cantaban juntas".

Que ningún hombre piense que puede retirarse de la vida. No rehuyas las responsabilidades de la vida. Tú las has hecho y tú puedes deshacerlas. Un medio de escapar ha sido provisto para cada uno de nosotros. Este es el de corregir los errores al incorporar en mente y corazón los atributos de la Mente de Cristo. "Trabajad hasta que Cristo se forme en vosotros."

Simón el Zelote tiene su centro, o trono de dominio en el cuerpo, en la base del cerebro, que la fisiología ha llamado la médula oblonga.

Pensemos en el hombre como un rey con doce hijos o príncipes que ejecutan su voluntad. Cada uno de ellos tiene un trono, o centro cerebral y nervioso, desde el cual imparte sus decretos y distribuye sus mercaderías.

Jesús ilustró esto en Mateo 19:28: "De cierto os digo que en la regeneración, cuando el Hijo del Hombre se siente en el trono de su gloria, vosotros los que me habéis seguido, en la regeneración os sentaréis sobre doce tronos, para juzgar a las doce tribus de Israel".

Simón el Zelote desde su trono en la médula imparte energía especial a los oídos, ojos, nariz, boca y sistema nervioso sensorial. Cuando el hombre entra en la comprensión de su dominio, poder y habilidad directiva en Cristo, él educa a sus discípulos, o hijos, y les enseña a ejecutar la ley establecida para el hombre en el principio divino.

Nosotros todos somos reyes en Cristo, pero con El hemos de comprender que "mi reino no es de este mundo". Nuestro dominio es sobre nuestros propios pensamientos, emociones y pasiones.

Nuestros discípulos harán lo que les ordenemos y continuarán haciéndolo después que los hayamos instruido y ayudado suficientemente en el uso de la Palabra.

Recuerda que la mente dirige a ambos lo interno y lo externo, lo visible y lo invisible, lo superior y lo inferior.

Para ayudar a Simón el Zelote a hacer su trabajo, centra tu atención por un momento en la base del cerebro y tranquilamente afirma que la infinita energía e inteligencia se derraman en celo-entusiasmo. Luego sigue imaginariamente el conjunto de nervios motores que salen de la médula hacia los ojos, afirmando en todo momento que la presencia y el poder de la energía e inteligencia se manifiestan ahora en tus ojos.

Para los oídos afirma energía e inteligencia, añadiendo: *"Sed abiertos"*.

Para la nariz afirma energía e inteligencia, diciendo: *"La pureza del Espíritu te envuelve"*.

Para la boca lleva la corriente de vida a la raíz de la lengua, con el pensamiento de *libertad*.

En la raíz de la lengua está localizado el trono de otro discípulo, Felipe. Cuando diriges la corriente de celo desde su centro en la médula y la conectas con el trono de Felipe, se establece una vibración poderosa que afecta todo el sistema nervioso simpático. En este tratamiento fortaleces tu voz, revitalizas tus dientes e indirectamente impartes energía a tu digestión.

Fue en Caná de Galilea, el centro nervioso en la garganta, que Jesús transmutó el agua en vino. Este milagro se realiza metafísicamente cuando en espíritu llegamos a la comprensión de que la unión (boda) del fluido vital del cuerpo con la vida espiritual en este centro de poder se transforma en un nuevo elemento, simbolizado por el vino.

Cuando la química del cuerpo y la dinámica de la mente se unen, un tercer elemento se trae a expresión, y el hombre siente que "en Cristo, *él es* una nueva criatura".

CAPITULO XII

RENUNCIACION

Todos los cristianos que han tenido experiencias diversamente descritas como "un cambio de corazón", "salvación", "conversión" y "santificación" admitirán que antes de experimentar el gran cambio en conciencia que representan estas palabras, ellos habían sido "convictos de pecado", o habían decidido liberarse de los errores del mundo y hacer la voluntad de Dios. Los pecadores que más se abren a la idea de reforma son aquellos que pecan en la carne. Los más difíciles de alcanzar son los moralistas presumidos o devotos fanáticos. Jesús les dijo a éstos: "De cierto os digo, que los publicanos y las rameras van delante de vosotros al reino de Dios". El que se mantiene fiel a la moral establecida por el hombre, o a normas religiosas, no se arrepiente y no hace sitio en su mente a nuevos y más elevados ideales de vida y Verdad. A menos que nuestro arrepentimiento vaya acompañado de sacrificio permanecemos aún en nuestros pecados. "Sin derramamiento de sangre no hay remisión." La sangre representa la vida y cuando la vida en la carne se entrega, las bestias del cuerpo son literalmente destruidas, y su sangre o vida se lleva las células muertas. Jesús ilustró esto simbólicamente cuando envió los demonios o males a entrar en el hato de cerdos. (Mt. 8:32).

Un cambio de actitud mental efectúa un cambio correspondiente en el cuerpo. Si los pensamientos se levantan, todo el organismo se eleva a un ritmo de vibraciones más elevado. Si el sistema ha sido agobiado por algún tipo de congestión, una energía vital más elevada lo establecerá en la libertad universal. Pero debe haber una renunciación o liberación de viejos pensamientos antes de que los nuevos encuentren sitio en la conciencia. Esta es una ley sicológica, que tiene su expresión externa en las complicadas funciones eliminadoras del cuerpo.

De la misma manera que el fisiólogo estudia el cuerpo, así también el metafísico estudia la mente. Es verdad que algunos metafísicos no son estudiantes cuidadosos. A menudo llegan precipitadamente a conclusiones al igual que los antiguos fisiólogos hacían conjeturas festinadas sobre las características de los órganos del cuerpo; pero la mayoría de los que trabajan con las fuerzas internas obtienen una comprensión que concuerda en lo fundamental con los descubrimientos de otros metafísicos que trabajan en el mismo campo de investigación. El metafísico moderno cuidadoso no llega a sus conclusiones por medio de la especulación; él analiza y experimenta con las operaciones de su propia mente hasta que descubre leyes que gobiernan universalmente la acción mental.

Todos aquellos que profundizan bastante en el estudio de la mente coinciden perfectamente en los principios, uno de los cuales es que el universo tuvo su origen en la mente, fue proyectado en acción por el pensamiento y lo sostiene el poder mental. El auto-análisis revela la forma en que actúa la mente individual y esta acción es la llave para toda actuación en lo pequeño y lo grande, en el microcosmo y el macrocosmo, en el hombre y en Dios. Otro punto de mutuo acuerdo es que los penamientos son cosas, que son ideas proyectadas en formas que participan de la naturaleza del pensador.

Los metafísicos hacen una clara distinción entre el reino de las ideas, que es Espíritu, y el reino del pensamiento, que es mente. Los pensamientos actúan en un reino sobre, alrededor y dentro de lo material. Tienen sólo un grado más de libertad que la materia. Tienen una capacidad de cuatro dimensiones, mientras que las cosas tienen solamente tres. No obstante, los pensamientos se limitan al reino en el cual ellos funcionan; y la conciencia del hombre, formada de pensamientos, es de la misma naturaleza. Así es posible sobrecargar la mente, al igual que lo hacemos con el estómago. Los pensamientos deben digerirse en forma similar a la manera en que se digiere el alimento. Una urgencia por adquirir conocimiento sin la adecuada digestión y asimilación termina en congestión mental. La mente, como los intestinos, debe estar abierta y libre. Se informa que Lyman Beecher le dijo a un amigo, a quien estaba despidiendo: "Adora a Dios, sé sosegado y conserva tus intestinos en función". Los metafísicos han comprobado que la alabanza y acción de gracias son laxantes eficientes y que su trabajo de limpieza no solamente libera la mente del egoísmo, sino que también limpia el cuerpo de materia decadente.

Los pensamientos son cosas, ellos ocupan espacio en el campo mental. Un estado mental saludable se logra y permanece cuando el pensador gustosamente deja ir los viejos pensamientos y acepta los nuevos. Esto lo observamos en la entrada y salida del agua en un pozo. Cierra la entrada y el pozo se seca. Cierra el desagüe natural y el pozo se estanca, o como en el Mar Muerto, sus sales se cristalizan hasta que preservan todo lo que tocan.

La acción de la mente en el cuerpo es, en algunos de sus aspectos, similar a la del agua en la tierra. El vivir viejos pensamientos una y otra vez mantiene cerrada la entrada a nuevos pensamientos. Así empieza la cristalización—que la ciencia médica ha llamado arterioesclerosis. La causa se supone que sea alguna otra enfermedad, tal como sífilis, la cual se clasifica como una de las más importantes causas de la arterioesclerosis. Los metafísicos reconocen la sífilis como secundaria en el reino de los efectos, y preguntan: "¿Cuál es la causa de la sífilis?" La causa es el disfrute de la sensación sexual sin el dominio adecuado, sin preguntar ni inquietarse por conocer el objeto de esa función en le conciencia humana. Parecería que en este respecto los animales están mejor disciplinados que los hombres y las mujeres.

El deleite en los placeres de la sensación sin el control de la sabiduría, puede compararse con la carrera vertiginosa de un automóvil por el placer de su marcha súbita, haciendo caso omiso del choque que seguramente ha de seguir. Pero arrebatarle al hombre su libertad, retardaría el logro de su grado como "hijo de Dios", grado que él podrá alcanzar cuando aprenda a hacer uso lícito de los atributos del Ser; por lo tanto, él debe adquirir más sabiduría y dominio propio. La tuberculosis, sífilis, cáncer, tumores y muchas otras enfermedades de la carne son evidencias de que la naturaleza ha sido maltratada y está protestando y luchando por liberarse de su triste condición.

Toda célula del cuerpo está envuelta en alma o pensamiento, y su impulso inicial es amoldarse a la ley natural divina. Cuando la voluntad del hombre no cumple esta ley y las células se someten a la esclavitud de la lujuria, ellas se combinan con otras células de condición similar y, antes que continuar sometidas a esa condición envilecida, destruyen el organismo. Pero esta destrucción de la célula como materia no la destruye en el plano mental; la entidad mental sobrevive y de nuevo busca expresar la suprema ley de evolución del alma que fue implantada en ella desde el principio. Entonces las encarnaciones repetidas del alma—no solamente del alma de una célula sino del gran conjunto de células que se conoce como el hombre—se aceptan como un hecho que explica la continuidad de los rasgos mentales y físicos que pasan de generación a generación. No es en la carne que heredamos, sino en los pensamientos de la carne. La carne ha vuelto al polvo, pero sus memorias perduran hasta que un poder mental más elevado los limpia y levanta a estados más puros de conciencia.

En Génesis se relata que mientras huían de las ciudades de Sodoma y Gomorra, que Dios estaba destruyendo, la mujer de Lot miró hacia atrás y se "convirtió en una estatua de sal". La sal es un preservativo que corresponde, simbólicamente, a la memoria. Cuando recordamos los placeres de los sentidos y anhelamos volver a ellos, preservamos o "salamos" el deseo sensorial. Este deseo se manifestará en algún sitio, en alguna ocasión, a menos que el recuerdo se disuelva por medio de la renunciación. El deseo por la sensación carnal en una encarnación puede expresarse en la siguiente en un gran deseo por el amor personal. Al volverse subconsciente, él trabaja en los sub-centros del organismo en una febril ansiedad por realizar su propósito, y puede llamarse consunción, o alguna otra enfermedad destructora de células.

La ciencia médica moderna ha encontrado que casi todas las enfermedades del cuerpo son causadas por micro-organismos. El remedio más común es introducir en el cuerpo gérmenes muy similares a los de la enfermedad, pero cuyo poder ha sido atenuado. El cuerpo, por lo tanto, en defensa propia, genera en la corriente sanguínea, lo que contrarresta y neutraliza la enfermedad; y se inmuniza a un ataque severo. Si el paciente ha de continuar inmune, lógicamente se deduce que los gérmenes de la enfermedad tienen que permanecer en su sistema, porque si ellos lo abandonan, estaría de nuevo expuesto al ataque. La fiebre tifoidea se calma o se detiene, soltando en el sistema gérmenes dóciles de la tifoidea. Pero la causa no se elimina y algunos que continúan investigando estos casos dicen que los sueros están diseminando diversas formas de enfermedades y haciendo a la familia humana en cierto modo menos vigorosa.

El autor conoce el caso de un joven saludable que fue vacunado. Después de algunos meses fue afectado de tuberculosis de la cadera, cuya causa según los doctores fue sangre impura. Todo esto demuestra que la ciencia médica aún no ha descubierto el suero apropiado y que las enfermedades no se curan con sueros, sino que son simplemente desviadas y finalmente surgen en otras formas.

Vemos que los bacteriólogos como Koch y Pasteur sólo tienen un indicio del verdadero suero que es la nueva corriente de vida abierta al hombre por Jesucristo. Es verdad que los gérmenes de enfermedades destruyen los cuerpos de los hombres y que los métodos paliativos de la bacteriología pueden capacitarnos para vivir un poco más en el cuerpo, pero no hay curación real hasta que se aplica el remedio crístico. Los gérmenes destructivos son creaciones de pensamientos destructivos y hasta que se halle el pensamiento específico, los físicos continuarán buscando el suero sanador. Su indagación es evidencia de que el suero existe.

El pensamiento destructivo separa alma y cuerpo y, cuando la separación es completa, las bacterias se hacen cargo y distribuyen los despojos del cuerpo sobre la tierra. Si el cuerpo se dejara intacto, este planeta pronto sería una morada de momias y los muertos desplazarían a los vivos. Por lo tanto, mientras la gente continúe muriendo, es bueno que los microbios le den algún uso a los cuerpos.

El imperioso César, muerto y en barro convertido,
Un agujero podría tapar para desviar el viento.

Cuando el cuerpo se infesta localmente con pensamientos bacterianos y se separa del ser superior, a veces la cirugía ofrece un alivio temporero al remover por la fuerza la colonia adversa. El hombre es la fuerza pensante, dominante y dadora de características en la tierra y la ha convertido en lugar de desolación cuando debería ser un paraíso.

A causa de su ira, lujuria, arrogancia e ignorancia, el hombre ha sido atormentado por pestilencias, tormentas y terremotos. Cuenta la tradición que en el remoto pasado, la atmósfera mental de este planeta estaba cargada con los pensamientos de hombres y mujeres que ejercitaban el poder de la mente en lascivia, arrogancia y ambición hasta que medidas extremas tuvieron que ser restituidas por el Dios del planeta.

Esta historia (que es sencillamente una

leyenda) narra que la perversión de la naturaleza y sus energías inocentes vitales comenzaron hace muchos ciclos, cuando el hombre en la primitiva exuberancia de poder síquico estableció una jerarquía sacerdotal en el antiguo continente de Atlántida. Estos maestros de magia negra dominaron el mundo y expulsaron a la mente cósmica. Medidas extraordinarias de seguridad para toda la raza se hicieron necesarias y los poderes elevados planificaron y llevaron a efecto la destrucción del continente de Atlántida y todos sus habitantes. Aun la tierra del continente que ocupaban estos ocultistas se había saturado de lascivia y egoísmo y ella fue reprobada como inadecuada para continuar formando parte del planeta padre. El terreno corrupto fue excavado del sitio que ahora ocupa el Océano Atlántico y lanzado al espacio donde se convirtió en una masa sin vida conocida como la luna. La tierra se tambaleó como un borracho bajo esta terrible operación quirúrgica, y todavía se bambolea fuera de su verdadero eje perpendicular, como resultado de la conmoción y remoción de tan gran parte de su cuerpo. Antes de esta catástrofe, un clima tropical se extendía hasta los mismos polos. Restos de plantas tropicales y animales se hallan hoy en las heladas zonas, evidencia muda de que un cambio grande y repentino ocurrió en alguna época, en la relación del planeta con el sol. La retirada del calor de los polos resultó en un frío anormal que congeló la lluvia en hielo y nieve, la que se acumuló gradualmente en los polos hasta cubrir la tierra a grandes profundidades. Esto trajo como consecuencia el gran período glacial que duró miles de años, un recordatorio del cual tenemos en las ráfagas heladas del norte, con meses de frío y nieve. No obstante, la tierra está lentamente recobrando su equilibrio y, a su debido tiempo, será restaurada a su primitiva edad dorada, y todos los lugares desiertos florecerán como la rosa. Así la tradición.

Pero, ¿qué hay de los estados de conciencia que el hombre ha fabricado y de los que tiene que liberarse? Nadie puede burlarse de Dios. Uno tiene que cuidar lo que construye. Lo malo que el hombre forma, él debe deshacerlo antes de que pueda tomar el codiciado paso para escalar la montaña del ideal. Aquí entra en acción el factor que disuelve las estructuras que ya no tienen uso; este factor en metafísica se conoce como negación. La negación no es, hablando estrictamente, un atributo del Ser como principio, sino sencillamente, la ausencia del impulso que construye y sostiene. Cuando el ego deja ir conscientemente y entrega voluntariamente sus más caros amores e ideales, ha cumplido la ley de la negación y de nuevo es restituido a la casa del Padre.

Como todo deseo se cumple por medio de la palabra formativa, así toda negación debe ser realizada en palabra o pensamiento consciente. Esta es la limpieza mental simbolizada por el bautismo de agua. En cierta etapa de su problema, el hombre construye para sí mismo un estado de conciencia en el cual domina el egoísmo. El egoísmo personal es sencillamente un exceso de identidad propia. Esta inflación del ego debe desaparecer para que un campo de acción más elevado pueda surgir. El que ha captado la visión de cosas más elevadas está deseoso de unirse a ellas. Esa unidad debe ser ordenada y de acuerdo con la divina progresión mental. Uno que vive en el intelecto, a través del deseo, puede ser introducido al reino del Espíritu por el celo. El primer paso es la disposición para dejar ir todo pensamiento que ata al ego al plano sensorial. Esta disposición para dejar ir la simboliza el clamor de Juan el Bautista en el desierto negándose las comodidades de la vida, alimentándose de langostas y miel silvestre, y vistiendo una túnica de pieles.

Los personajes de la Escritura representan actitudes mentales en el individuo. Juan el Bautista y los fariseos simbolizan diferentes fases del intelecto. Juan está dispuesto a soltar el pasado abogando por una negación general a través del bautismo de agua—limpieza mental. Los fariseos se aferran a la tradición, costumbre y Escritura, y se niegan a dejar ir. Juan representa el intelecto en su transición del plano natural al espiritual. Los fariseos no han entrado en esta transición, pero se mantienen firmes en lo antiguo y lo defienden con argumentos y citas de las Escrituras. Jesús, que representa la conciencia espiritual, no toma en cuenta a los fariseos como un eslabón en Su cadena, pero de Juan dice: "Entre los que nacen de mujer, no se ha levantado otro mayor que Juan el Bautista; pero el más pequeño en el reino de los cielos es mayor que él". Jesús reconoce que la actitud mental representada por Juan es una profecía de cosas mayores, de hecho, la condición mental más deseable para el intelecto en su camino hacia la realización; aun así, no puede compararse con el estado mental de aquellos que en realidad han entrado en la conciencia del

Espíritu.

Todo hombre que clama por Dios es Juan el Bautista clamando en el desierto. Tú que estás saciado de los caminos del hombre carnal y deseas soltar tus posesiones y placeres, eres Juan. La disposición para sacrificar las cosas de los sentidos te inicia en el camino hacia una vida más elevada, pero no empiezas a disfrutar de sus dulces frutos hasta que realmente dejas ir conscientemente las cosas de los sentidos que tu corazón ha deseado tan intensamente.

Hay muchas etapas en este pasar de Juan a Jesús y algunas implican penas innecesarias. El ascético toma la ruta de la negación con tal energía que destruye sus poderes en vez de transformarlos. Algunos penitentes orientales para lograr la aprobación divina castigan su carne de muchas maneras, matan sus cuerpos de hambre, hieren su carne y luego la salan, martirizan sus cuerpos hasta convertirlos en una porción de barro inanimado que el alma puede abandonar y hasta los pájaros hacen nidos en sus cabellos. Esta es la negación oriental, atrofia de los sentidos. Algunos metafísicos occidentales están tratando de imitar estos métodos dolorosos de disciplina, pero más bien en la mente que en el cuerpo.

Juan el Bautista representa la actitud mental que cree que porque los sentidos han usado métodos equivocados, ellos son malos y deben destruirse. Hay una causa para cada tangente mental y aquella que destruiría de raíz al hombre sensorial lleva el pensamiento de condenación como su punto de partida para alejarse de la línea de armonía. En Juan parecía una virtud, ya que condenaba sus propios errores, pero esto lo llevó a condenar a Herodes, con el resultado de que perdió su cabeza. Aprendemos de esto que la condenación es una práctica peligrosa desde cualquier ángulo.

El intelecto es el hombre Adán que come del árbol del bien y el mal. Su campo de observación es limitado y llega a sus conclusiones por comparación. El hace trucos con dos fuerzas, dos factores—positivo y negativo, bien y mal, Dios y Diablo. Sus conclusiones son resultado del razonamiento basado en la comparación, por lo tanto, limitadas. El intelecto, juzgando por las apariencias, deduce que la existencia es una cosa que debe eludirse. El intelecto, contemplando el desastre y la miseria que los hombres han formado por el mal uso de sus pasiones, decide que ellas deben ser exterminadas por inanición (hambre).

Este es el origen del ascetismo, extirpar, desarraigar todo apetito y pasión porque en el entusiasmo de la acción han llegado al exceso.

Mas Juan el Bautista tiene una función muy importante en el desenvolvimiento del hombre de la conciencia intelectual a la espiritual. Como dijo Jesús:

"Este es aquél de quien está escrito,
He aquí, yo envío mi mensajero delante de tu
faz,
el cual preparará tu camino delante de ti".

Así Juan el Bautista es el precursor del Espíritu. El representa la percepción de la Verdad que prepara el camino al Espíritu a través de un soltar y dejar ir de creencias limitadas, y un apropiarse de ideas divinas.

Las creencias que tú y tus antepasados han sostenido en su mente se han convertido en corrientes de pensamientos tan fuertes que su curso puede cambiarse solamente por tu resuelta decisión de no aceptarlas por más tiempo. No podrán ser expulsadas a menos que el ego, bajo cuyo dominio se rigen, decida positivamente adoptar medidas para echarlas fuera de su conciencia, al mismo tiempo, que levanta barreras para evitar su fluir hacia el interior desde fuentes externas. Esto se logra por la negación y afirmación; la negación siempre viene en primer lugar. La actitud de Juan el Bautista debe empezar la reforma. El hombre debe estar dispuesto a recibir la limpieza del Espíritu antes de que el Espíritu Santo descienda sobre él. El que no es manso y humilde en la presencia del Espíritu no está preparado aún para recibir su instrucción.

Este estado obediente, receptivo, significa mucho para el que desea ser dirigido en los caminos del supremo bien. Significa que él debe tener solamente una fuente de vida, una fuente de la verdad y una fuente de instrucción; debe estar preparado para entregar todo pensamiento que haya asimilado en esta vida y disponerse a empezar de nuevo como si acabara de venir al mundo, como un pequeño, ignorante e inocente bebé. Esto significa tanto más de lo que la gente habitualmente concibe, que la mente usualmente empieza a aceptarlo con gran lentitud.

Todos los que con sinceridad desean la dirección del Espíritu acceden fácilmente a afirmar teóricamente la necesidad de humildad e ingenuidad infantil, pero cuando se trata de la demostración minuciosa muchos se sienten confundidos. Esto es tan cierto entre los metafísicos como entre los cristianos ortodoxos. El Espíritu encontrará una manera de guiarte cuando te hayas entregado libre y plenamente a Dios, y serás dirigido en una senda un poco distinta a la de cualquier otro. Tu enseñanza ha sido de carácter general, así cuando el Espíritu en su trabajo como guía individual te enseña una Verdad diferente de la que se te había enseñado, puede que la pongas en duda. Si, por ejemplo, en tu instrucción se te enseñó a ignorar el cuerpo con todas sus pasiones y apetitos, y el Espíritu al instruirte te enseña que debes reconocer estos deseos y pasiones como poderes mal dirigidos, ¿qué vas a hacer sobre esto?

Sólo puede haber una dirección para el devoto obediente. Si has entregado todo a la omnipresente sabiduría, has de aceptar como decisivo todo lo que ella te diga. Encontrarás que finalmente su guía es el curso correcto para ti y el único rumbo que podías haber seguido.

Todas las cosas son manifestaciones del bien. El hombre en su identidad espiritual es la pura esencia del bien y no puede hacer mal. En su experiencia, él puede usar mal las facultades que el Padre pone a su disposición, pero no puede persistir en el mal. El siempre tiene el recurso del Espíritu, el que perdona todas sus transgresiones y lo vuelve a colocar en el camino recto, un hombre nuevo, cuando él voluntariamente decide echarse a un lado y, como un niño, pide ser dirigido. Entonces surge la liberación de los apetitos y pasiones que el intelecto ha declarado erróneos y ha tratado de matar por hambre y represión. Esto no significa que la indulgencia en los anhelos y pasiones va a ser permitida en la forma antigua y desmoralizadora, sino que ellos han de adiestrarse nuevamente bajo la guía del Espíritu.

Juan el Bautista representa la actitud de receptividad espiritual que espera elevarse a lo más alto, al igual que el niño espera la mano protectora de un padre. No es el disciplinario arbitrario, sino el amoroso, tierno maestro de la escuela de párvulos, el que ilustra en la vida visible los problemas difíciles que confunden la mente. Cuando el hombre es receptivo y obediente, entregándose sin reservas al Espíritu y recibiendo su orientación sin antagonismo, se deleita con las posibilidades que se le descubren por medio de la limpieza de su mente y cuerpo. El entonces empieza a darse cuenta de lo que significó Jesús cuando dijo: "Si alguno quiere venir en pos de mí, niéguese a sí mismo, y tome su cruz, y sígame". (Mt. 16:20)

La cruz no es una carga según se entiende usualmente, sino un símbolo de las fuerzas en el hombre ajustadas en su relación correcta. El cuerpo de Jesús fue levantado y clavado en la cruz, lo que indica que el hombre físico debe elevarse a la armonía del Espíritu y ajustarse al plano de cuatro dimensiones representado por los cuatro brazos de las crucetas.

El hombre piensa en la cuarta dimensión, pero en su presente conciencia carnal, su cuerpo puede expresarse en tres dimensiones solamente. Por lo tanto, debemos limpiar nuestros pensamientos negando la materialidad. Así la carne se convertirá en éter radiante con poder para penetrar todo lo que llamamos sustancia material. Pero antes de que esto pueda efectuarse, la mente del hombre debe convertirse en Juan el Bautista—para limpiarse por las aguas de la negación y desechar para siempre las viejas ideas materiales.

Si estás atándote a alguna idea que de algún modo impide que tus ojos vean el milenio, aquí y ahora, eres un fariseo; estás clamando "Belzebú" cada vez que le dices "maniático", "chiflado", al que ha elevado su visión a las cumbres, ahora resplandecientes, de las montañas espirituales, que brillan bajo el sol de una época nueva.

Juan el Bautista ahora se está moviendo rápidamente entre los hijos de los hombres. Su clamor encuentra eco en muchos corazones y ellos lo están siguiendo en "el desierto" de los sentidos. Pero la brillante luz de Cristo aún resplandece en Galilea, y los que son fieles y sienten intensamente verán Su luz y se regocijarán.

Los que tratan de sanar el cuerpo al inyectarle una nueva corriente de vida del exterior, están tratando de hacer en forma material lo que Jesús logró espiritualmente. La vitalidad de la raza estaba en decadencia a Su advenimiento; El vio la necesidad de una mayor conciencia de vida y sabía cómo inocular la mente de todo el que aceptara Su método. En Juan 5:26 está escrito: "Porque como el Padre tiene vida en sí mismo, así ha dado al Hijo tener vida en sí mismo". La vida es espiritual, como admite todo el que ha tratado de encontrarla en un laboratorio físico. Nadie ha visto la vida en la comida o bebida, pero está allí en un grado mínimo y es a través de la comida y la bebida que el cuerpo absorbe de los elementos invisibles de vida, que la ciencia física ha llamado vitaminas. La vitamina es la vida esencial dentro de todas las formas y, siendo de naturaleza espiritual, debe ser discernida espiritualmente. Sentimos la vibración de la vida en nuestro cuerpo; elevando esta conciencia de vida a entusiasmo crístico podemos llegar a tal plenitud de energía que la corriente vital se acelere y las congestiones en las arterias y glándulas se eliminen. "Yo vine para que tuvieran vida y la tuvieran abundante."

Todos los metafísicos espirituales saben que el cuerpo y la sangre de Jesús se purificaron, y que cada célula se aceleró con sustancia y vida espiritual original, hasta que toda materialidad se depuró, quedando solamente la pura esencia. Esta vitamina, o esencia de vida y sustancia, se sembró como semilla en la conciencia de la raza y cualquiera que por medio de la fe en Cristo atrae a sí mismo uno de estos gérmenes de vida, es inoculado a la medida de esa fe con la misma naturaleza de Jesucristo, y no sólo la mente se purifica, sino también el cuerpo.

"El que siembra la buena semilla es el Hijo del hombre; y el campo es el mundo." Como semilla sembrada en la tierra, la palabra o germen de pensamiento se multiplicará y producirá según su especie. "El que permanece en mí, y yo en él, éste lleva mucho fruto; porque separados de mí nada podéis hacer."

El apóstol Tadeo, llamado también Lebeo,

está a cargo del trabajo de eliminación de pensamientos erróneos de la mente y de los residuos de alimentos desechados por el cuerpo.

El centro nervioso desde el cual la función eliminadora dirige la limpieza de los intestinos está localizado en la parte baja de los intestinos.

Este centro es muy sensitivo a pensamientos de sustancia y de toda materialidad. Un fuerte agarre mental a las cosas materiales puede causar estreñimiento. La relajación de la mente y el aflojar el agarre a las posesiones materiales hará que el intestino funcione libremente.

Los males prevalecientes en la región abdominal, estreñimiento, tumores, y otros semejantes son resultado de la coacción de toda la energía del cuerpo.

Las facultades centradas en la cabeza son responsables de esta disminución en las fuerzas vitales. La voluntad, funcionando a través del cerebro frontal, controla la circulación de la fuerza vital en todo el organismo. Una voluntad tensa, dispuesta a realizar algún propósito personal, amolda todo a ese fin y fija una limitación a la actividad de toda otra función.

La resolución firme de lograr éxito en algún

campo determinado de acción, profesión, estudio, negocio, o ambición personal reclama la mayor parte de la energía física a la cabeza y deja desprovistos de ella a otros centros.

En nuestras escuelas, las mentes de los niños se saturan de sabiduría terrenal y ellos son estimulados continuamente a obtener buenas calificaciones, forzando así constantemente la sangre a la cabeza y mermando su corriente hacia el abdomen.

Este desbordamiento hacia el centro de la voluntad causa adenoides recrecidas, amígdalas inflamadas, sinusitis y otras enfermedades de la cabeza, mientras que la región abdominal sufre de estreñimiento y falta general de acción vital.

Algunas personas se relajan en el sueño y así le dan al cuerpo una oportunidad de recobrar la energía agotada. Pero si la marcha acelerada se sostiene noche y día, el final es la postración nerviosa. El remedio es relajamiento de la voluntad y el dejar ir los objetivos personales.

La lucha por prosperar en el mundo es responsable de la mayor parte de las enfermedades de la carne. La preocupación o ansiedad por cubrir las necesidades temporales obstruye el fluir apacible de todos los elementos naturales que proveen para el cuerpo. Jesús nos alertó en cuanto a la tensión de la ansiedad cuando dijo: "No os afanéis por vuestra vida, qué comeréis, o qué beberéis; ni aun por el cuerpo, que vestiréis. ¿No es la vida más que la comida y el cuerpo más que el vestido?"

Una ley divina se ha provisto para el hombre que satisfará toda necesidad cuando sea cumplida. "Buscad primero el reino de Dios y Su justicia, y todas estas cosas os serán añadidas."

Así encontramos que el relajamiento de la tensión abdominal depende de que se afloje la tensión de la voluntad.

Suelta tu obstinación y afirma que la divina voluntad se haga en ti y en todos tus asuntos. Jesús entregó Su voluntad para que la voluntad de Dios se hiciera en El. "No se haga mi voluntad, sino la tuya."

CAPITULO XIII

VIDA GENERATIVA

La ley de generación es indudablemente el misterio de los misterios en la conciencia humana. Los hombres han investigado, con mayor o menor éxito, casi todo secreto de la naturaleza, pero del origen de la vida no saben comparativamente nada. Es verdad que han simulado la vida por medio de combinaciones químicas, pero la actividad ha sido solamente pasajera.

En el mundo fenomenal, la vida es la energía que mueve todas las formas a la acción. La vida en el cuerpo es como la electricidad en un motor. Según el ingeniero dirige y regula la electricidad en un motor, así la vida en el cuerpo tiene su ingeniero. La vida en sí misma no es inteligente—requiere el poder directivo de una entidad que sabe dónde y cómo usar su fuerza, para obtener los mejores resultados. El ingeniero de la fuerza vital en el cuerpo del hombre es el ego de la vida; esto es la conciencia de vida en el organismo.

El ego de la vida es el más sutil y variable de todos los poderes del hombre. Es una fuerza animal y se designa en la alegoría bíblica como una de las "bestias del campo". Preside sobre la vida y la función generativa del cuerpo, y por su tendencia a separarse y segregarse de las otras funciones del cuerpo, se le ha llamado el "adversario". No es esencialmente malo, pero a causa de su sitio como el polo central de toda actividad corporal, su tendencia es a centralizar toda acción en torno a su conciencia.

En su relación natural divina, el ego de la vida tiene su polo positivo en la coronilla de la cabeza, que es el "cielo" de la conciencia humana. Cuando la personalidad se activa y empieza a ejercitar poderes más elevados o fuerzas espirituales, el ego de la vida se infla con su propia importancia y cae del cielo (coronilla de la cabeza) a la tierra, o cerebro frontal. Cuando los setenta a quienes Jesús invistió con poder espiritual regresaron, ellos proclamaron que aun los demonios les obedecían.

Entonces Jesús dijo: "Yo contemplo a Satanás como un relámpago cayendo del cielo". Jesús evidentemente estaba citando a Isaías, quien en el capítulo 14 de su libro (Versión del Rey Jaime) escribió: (Isa. 14:12-15)

¡Cómo caíste del cielo, oh Lucero, hijo de la mañana! Cortado fuiste por tierra, tú que debilitabas a las naciones. Tú que decías en tu corazón: Subiré al cielo; en lo alto, junto a las estrellas de Dios, levantaré mi trono, y en el monte del testimonio me sentaré, a los lados del norte; sobre las alturas de las nubes subiré, y seré semejante al Altísimo. Mas tú derribado eres hasta el Seol, a los lados del abismo.

Jesús alertó a los setenta para que no se deleitaran en su poder espiritual y añadió: "regocíjense de que sus nombres están escritos en el cielo".

A fin de darle al hombre un cuerpo que tuviera vida en sí mismo. Dios tuvo que dotarlo de un centro focal de vida localizado en los órganos generativos. Este centro de actividad en el organismo es también el asiento de la sensación, que es el más sutil y tentador de todos los factores que entran a formar parte del ser. Pero estas cualidades (sensación y generación) eran necesarias a la naturaleza del hombre y sin ellas él no hubiera podido ser el representante completo, o la imagen y semejanza de Dios.

Dios no tienta al hombre para que quebrante Su ley, pero un gran plan creativo está desenvolviéndose en el que la Deidad está encarnándose en Su creación. Esta encarnación se llama el Hijo del hombre; en el hombre un maravilloso ser está en proceso de creación. Este ser es el hombre espiritual, el cual será igual a Dios, cuando se supere y logre ejercitar con sabiduría y poder las facultades del cuerpo. El cuerpo es el jardín del Edén.

La necesidad mayor de los metafísicos es comprender los factores que entran en la formación de la conciencia. Esto requiere discriminación, juicio y auto-análisis.

Hablamos sin reflexionar acerca de Dios como vida, amor, inteligencia y sustancia, y del hombre como Su manifestación; pero cuando vamos a describir esa manifestación la "deformamos" como resultado del pensamiento.

Lo que necesitamos saber ahora es cómo el pensamiento agrupa los diferentes atributos del Ser, ya que de esta combinación depende el desenvolvimiento del hombre ideal.

Debemos aprender a vigilar nuestro estado de conciencia, sus impulsos y deseos, como el químico vigila sus soluciones. El hombre forma su propia conciencia usando los elementos de Dios y él es el único responsable de los resultados.

La conciencia es un tema profundo y para estudiarlo plenamente sería necesario escribir muchos libros. Brevemente formulados, hay tres factores importantes que forman parte integrante de toda conciencia—inteligencia, vida y sustancia. La combinación armoniosa de estos factores requiere la más cuidadosa atención del ego, porque es aquí donde surgen todas las discordancias de la existencia.

En la Escritura, la vida combinada con la divina substancia se llama "el Cordero de Dios". Esta frase conlleva el simbolismo de la pureza, inocencia y candidez del Cordero de Dios. Su naturaleza es avivar perpetuamente todo lo que toca. Solamente sabe dar, dar incesante y eternamente, sin restricción. No conlleva sabiduría; esa es otra cualidad del Ser, que el hombre comprende desde otra fase de su conciencia.

La vida pura de Dios fluye en la conciencia del hombre por conducto del cuerpo espiritual, y se siente físicamente en un punto fijo en los lomos. Esta es la "corriente de agua de vida, resplandeciente como el cristal, que salía del trono de Dios y del Cordero" a que se refiere el capítulo 22 de la Apocalipsis.

Solamente aquellos que han logrado desarrollar la conciencia del cuerpo espiritual, pueden sentir esta sagrada corriente de vida. Cuando el ego la ha encontrado, y se ha bañado en sus aguas purificadoras, experimenta el éxtasis de los reinos Elíseos. Esto no puede describirse porque todas las sensaciones de la conciencia mortal son toscas comparadas con esta trascendente dulzura y pureza.

Muchos sienten sus vibraciones parcialmente, al entrar en meditación silenciosa o en entusiasmo religioso y son temporalmente estimulados por sus emociones exquisitas. Precisamente aquí está el peligro para aquellos que no han desarrollado el otro polo del Ser—la inteligencia.

El ego, al reconocer esta corriente de vida, encauza su fluir hacia cada una de sus facultades. Siendo por naturaleza amorfa, esta corriente de vida adquiere la forma y carácter del molde en que se vierte. Es sirviente del ego, del *yo*, que es el hombre; quien al no reconocer la divina inteligencia que le enseñará a usarla correctamente, sigue confundido en su ignorancia y el Cordero de Dios es inmolado desde el principio del mundo. (Apo. 13:9).

El peligro mayor de la perversión está en la dirección del pensamiento carnal en relación al sexo, porque es ahí que esta corriente pura de vida se ha contaminado más vilmente por ignorancia. La sensación sexual ha hecho de la conciencia del hombre una cisterna rota; por generaciones la corriente de vida se ha convertido en este receptáculo, y la lujuria se ha apoderado de los cuerpos de toda la raza convirtiéndolos en meros cascarones desprovistos de vida. La vista que falla, el oído sordo, la carne ulcerada y marchita, todos dan testimonio de esta perversión de la vida de Dios.

No obstante, hombres y mujeres, que, en otros respectos, usan su sensatez, continúan sus prácticas lujuriosas y al mismo tiempo se preguntan por qué Dios no les provee más abundante vida.

Ellos corren de un lado a otro buscando un elíxir restaurador para sus decadentes poderes; piden ayuda a Dios mientras continúan dilapidando Su energía en placeres carnales.

El hombre es masculino y femenino, que son cualidades de la mente—amor y sabiduría. Todo intento de rebajar estos atributos divinos al plano físico termina en desastre. Se ha tratado una y otra vez a través del tiempo y sus partidarios siempre se han sumergido en la desmoralización cuando han persistido en tratar de llevar a cabo sus teorías.

Sin embargo, no es ilícito tener sensaciones corporales en la regeneración. Un cambio en el modo de pensar tiene necesariamente que producir un cambio en el cuerpo, y hay una respuesta perfecta en cada centro de conciencia cuando el Espíritu es aceptado como el legítimo habitante del cuerpo. El matrimonio místico, al cual se refiere la Escritura y otros libros sagrados, tiene lugar en la conciencia; es una comunión de almas de dos-en-uno, más dulce que la que existe en el matrimonio de hombre y mujer más armoniosamente unidos. Este elimina el sexo en su manifestación externa.

Niega persistentemente la creencia carnal en el sexo y comprende que la corriente de vida, que ha sido dirigida hacia afuera y llamada sexo, no es de esa naturaleza en su pureza original, sino que es pura vida espiritual.

Debes limpiar esta corriente pura en su fluir externo destruyendo el sentido carnal del sexo. Esto puede hacerse solamente por el poder de tu palabra. No destruyas la vida que se manifiesta en tu cuerpo negándola totalmente; niega el sentido de impureza con que la ha vestido el ego animal.

"Para el que es puro, todas las cosas son puras" no quiere decir que la lascivia es pura, ni que el endiosar la sexualidad es puro. La pureza consiste en saber que detrás y dentro de estas sombras está la pura substancia que es Dios, que ha de ser vista por el ojo del que es puro. Mientras tu ojo vea el sexo y la indulgencia en él, en cualquiera de sus planos, tú no eres puro. Tienes que volverte tan traslúcido mentalmente que veas a los hombres y mujeres como seres sin sexo—como lo son en la conciencia espiritual.

El lujurioso apetito sexual es el padre de la muerte. Santiago, en el primer capítulo de su epístola, narra su historia en estas palabras: (Stgo. 1:15) "La concupiscencia, después que ha concebido, da a luz el pecado; y el pecado, siendo consumado, da a luz la muerte".

Pablo dice: "el ocuparse de la carne es muerte". (Ro. 8:6) (V.A.), y Jesús, en el capítulo 12 de Marcos, resume todo el asunto en estas palabras: "Porque cuando resuciten de los muertos (salir de la conciencia carnal) ni se casarán ni se darán en casamiento, sino que serán como los ángeles que están en los cielos''.

El desear ser instruido por Dios es el primer paso en la exaltación de la interna fuerza vital. El deseo sincero del corazón siempre se cumple bajo la ley divina. Todos los infortunios de la humanidad tienen sus raíces en la desobediencia a la ley. El hombre tiene que trabajar con muchos factores en su "jardín". El más "sutil" es la "serpiente" o conciencia de los sentidos. No es mala, según se nos ha enseñado a creer. La alegoría que se ofrece en el capítulo tercero de Génesis claramente enseña que la sensación (serpiente) es una fuerza ciega, que no debe considerarse como una fuente de sabiduría. En su relación correcta, la serpiente se sostiene erguida en su cola y forma el eslabón entre las fuerzas vibrantes del Espíritu y las lentas vibraciones de la carne. "Como Moisés levantó la serpiente en el desierto, así el Hijo del hombre ha de ser levantado." En el cuerpo la médula espinal es el principal conducto de sensación, "el árbol ... en el medio del jardín", y sus ramas se extienden a todas partes del sistema. El "fruto" de este "árbol", que el deseo por la sensación (serpiente) urge al hombre a comer, es el fluido seminal, que fluye a través del sistema nervioso y es el eslabón que conecta la mente y el cuerpo. Cuando el deseo por la sensación conduce al hombre a malgastar (comer) de este precioso "fruto" del "árbol" en su jardín terrenal, todo el sistema nervioso agota su vitalidad y la médula espinal pierde su capacidad para conducir la vida más elevada a la conciencia. El hombre siente una una deficienca, está "desnudo". La sensación ya no es un éxtasis celestial sino una vibración sexual de la carne. Esta se arrastra en su "vientre" y come el "polvo" todos los días de su vida; esto es, funciona en la parte más árida e inerte del ser del hombre.

No obstante, la sensación es una creación divina, es parte de lo formado por el Señor Dios y tiene que encontrar expresión en alguna parte de la conciencia. Esto nos trae a la raíz de ese apetito que ansía estimulantes y llega a los excesos buscando satisfacción en la comida y la bebida. La causa se ve claramente cuando comprendemos la anatomía de la mente y el cuerpo. La sensación está buscando satisfacción por conducto de los apetitos. Escuchando a esta serpiente de los sentidos, el hombre se convierte en un maniático sexual, un glotón y un borrachín.

El remedio es éste: Apártate de los apetitos de la carne y busca a Dios. Aborda el problema, desde su punto de vista espiritual. La sensación es una cualidad mental. Puede satisfacerse solamente cultivando el aspecto espiritual de la naturaleza. Si eres un borracho sexual, niega el poder que ejerce sobre ti la perversa lujuria y lascivia. Ora por ayuda para vencer, luego afirma tu poder y dominio espiritual sobre todas las "bestias del campo" en tu "jardín". Cuando hayas obtenido supremacía sobre la intemperancia sexual, se te hará fácil la conquista del apetito. Simplemente niega todo deseo por estimulantes materiales y afirma que estás satisfecho con el estimulante del Espíritu. Cada vez que el anhelo por el estimulante material se manifieste dile: *Tú eres nada. Tú no tienes poder sobre mí, ni sobre nadie más. Yo soy Espíritu y me siento totalmente satisfecho por el gran fluir de vida espiritual que ahora inunda mi ser.*

El resultado del pecado es muerte; la verdad de estas palabras se ha comprobado a través del tiempo. Pero cuando él estaba tentándola para que desobedeciera la ley divina, el "adversario" le dijo a Eva: "Tú no morirás". La tragedia del Edén ocurre todos los días en cada individuo de la raza y como consecuencia reina la muerte. Podemos darle cualquier otro nombre, pero el rompimiento en conciencia y la separación del espíritu, alma y cuerpo ocurren siempre de la misma manera. Como dijo Emerson: "He aquí un dios en ruinas". A pesar del hecho de que Dios declaró que la muerte era la paga del pecado y que la experiencia de la raza ha probado que Sus palabras son verdaderas, muchas personas han escuchado al "adversario" y han creído su mentira. Los escuchamos en todas partes diciendo: "No morirás".

Como resultado del pecado toda la raza humana está ya "muerta en transgresiones y pecados"; esto es, la raza está en una condición agonizante, que termina en la pérdida del cuerpo. La muerte no es aniquiliación, porque hay una promesa de resurrección.

Estar "muerto" en transgresiones y pecados es carecer de la realización de Dios, ignorar Su ley y desobedecerla. Cuando Jesús dijo: "Yo soy la resurrección y la vida", estaba hablando del poder de la Mente crística para penetrar la mente y el cuerpo del hombre como Espíritu avivador para despertar la conciencia total al conocimiento de Dios. Este proceso de resurrección está ocurriendo ahora en muchas personas. Este es un cambio gradual que causa una completa transformación del cuerpo por medio de la renovación de la mente. Espíritu, alma y cuerpo se unifican con la Mente crística, y cuerpo y alma se hacen inmortales e incorruptibles. En esta forma se vence la muerte.

Aquellos que insisten en que los hombres no mueren como resultado del pecado establecen una falsa esperanza de encontrar vida después de la muerte. Aquellos que comprenden que la vida eterna se perdió para la raza a través del pecado y que puede recuperarse solamente por medio del poder de resurrección de la Mente crística en el individuo, construyen sobre una base eterna de Verdad. Cada uno debe en algún momento llegar a comprender que esta aseveración es absolutamente cierta: "El que tiene al Hijo (conciencia de Cristo) tiene la vida; y el que no tiene al Hijo de Dios no tiene la vida". (I de Jn. 5:12)

La creencia de que todas las entidades que hablan a través de un médium son espíritus de personas muertas, no se ha probado. Las comunicaciones son tan fragmentarias y usualmente tan inferiores a la habilidad natural de los supuestos egos que las ofrecen, que aquellos que investigan ampliamente dudan de la autenticidad de los autores. Ninguna producción literaria, ni gran descubrimiento

científico, ni gran sermón ha venido jamás de
los espíritus, sin embargo, el país donde se
alega que ellos existen debería contener toda
la gente sabia que ha vivido en la tierra.

Esta teoría de vida progresiva continua
después de la muerte contradice las enseñanzas de la Biblia. Dios no creó al hombre para
morir; la muerte es el resultado de una trans-
gresión de la ley. El cristianismo enseña que
el hombre fue creado para vivir en su cuerpo,
refinándolo según sus pensamientos se
desenvuelven, y que el trabajo del Cristo—la
supermente en el hombre—es de restaurar
este estado; esto es, unir espíritu, alma y
cuerpo aquí en la tierra. Esto debe lograrlo
toda la raza; y todo pensamiento de muerte o
la posibilidad de dejar el cuerpo, debe elimi-
narse de la mente.

Los cristianos prácticos se oponen a los
pensamientos que tienden a separar el alma y
el cuerpo porque a través de estos pensamientos se edifica una conciencia que finalmente
trae como resultado esa disolución. Es un
hecho, bien conocido por los que han estudiado profundamente la ley del Ser, que la muerte separa el Espíritu, alma y cuerpo; que las
comunicaciones que reciben los espiritualistas son sólo ecos del alma que carecen de su

vivificante, inspirado YO SOY espiritual, que esta mentalidad que se comunica a su vez se queda dormida o en estado de coma, al igual que hace el cuerpo hasta que la ley efectúa de nuevo una unión con su YO SOY o ser superior, y lleva a cabo la formación de otro organismo físico. Este proceso de repetida construcción del cuerpo por el ego continúa hasta que el hombre por medio de Cristo realiza la completa unión de espíritu, alma y cuerpo aquí en la tierra. Esta unión trae todos los grandes poderes del hombre en conjunción y se manifiesta el hombre que místicamente se conoce como Jesucristo, o el hombre redimido.

Podemos ver fácilmente cuán ilógico, tonto y fútil es enseñar que el hombre puede soltar su cuerpo como un traje raído, y entregándose débilmente y muriendo, seguir adelante hacia mayores realizaciones. Sabemos de lo que hablamos y tenemos que proclamar esta gran verdad que Jesús enseñó: "El que vive y cree en mí (el YO SOY espiritual) nunca morirá".

Si Dios creó al hombre para morir e ir a una morada espiritual para recibir instrucción, entonces sería mejor que muriera en la infancia y se librara así de las tribulaciones de la vida.

Además, si la muerte es parte de la ley de Dios, estamos anulando la ley cada vez que nos esforzamos por escapar de la muerte tratando de sanar el cuerpo.

Si el nacimiento del hombre como un infante hace varios años fue el comienzo de su existencia, entonces con el hombre, Dios realizó un milagro e hizo la excepción con respecto a la ley de desenvolvimiento progresivo que es evidente en todas Sus otras obras.

El hecho es—y esto lo saben bien los iniciados—que los espiritualistas están en comunicación con la mentalidad de la humanidad, esto es, con la conciencia personal. No han desarrollado la mente superconsciente, y no comprenden la ley creativa. Funcionan mental y físicamente en un ambiente síquico que es confuso e incierto. Todas sus comunicaciones pueden explicarse por la acción de la mente subconsciente de los vivos, y la mayoría de los médiums no están seguros con respecto al hecho de que sean motivados por su propia mentalidad o la de otros.

Cuando el hombre haya puesto su ser superior en actividad verá claramente la relación de espíritu, alma y cuerpo en todas las fases de su actividad.

Si deseas saber todos los misterios de la

vida, estudia la vida y saca de tu mente todo pensamiento acerca de la muerte o de la condición de los muertos. Luego por medio de la ley de formación del pensamiento construirás en ti mismo una conciencia de vida tan poderosa que su negación (o ausencia) será siempre inexistente para ti. Esto fue lo que Jesús quiso decir cuando afirmó: "Si un hombre guarda mi palabra, nunca verá muerte".

El deseo de vivir no cesa cuando el cuerpo muere. La mente sigue viviendo, no en el cielo ni en el infierno, sino en los estados de conciencia que ha cultivado en su vida. La mente no cambia al cambiar de ambiente. Los que dejan el cuerpo material se encuentran en un cuerpo etéreo, que no responde a sus deseos por sensaciones groseras. Jesús enseñó en Lucas 16:23 que el hombre rico que murió estaba en "tormento" en Hades. En el lenguaje original de la Biblia, Hades era un término usado para representar el mundo invisible. Los que han cultivado pensamientos espirituales se encuentran, cuando mueren, en un ambiente y cuerpo etéreos que corresponden a sus pensamientos prevalecientes. Pero el hecho de que ellos mueran prueba que se entregaron al "adversario", que no han logrado aún el dominio, poder y autoridad del hombre espiritual. Por consiguiente, después de un periodo de recreación y descanso, ellos volverán a iniciar una vida activa, vencedora, en un cuerpo de carne, a través de la reencarnación. Así este proceso de vida y muerte continuará hasta que el ego venza el pecado, la enfermedad y la muerte, y levante el cuerpo de carne al cuerpo Espiritual sin la tragedia de la muerte. "Esto corruptible se vestirá de incorrupción y esto mortal se vestirá de inmortalidad."

Nuestros teólogos no han discernido la vida del hombre en su totalidad—ellos han tratado de agrupar en una encarnación física la naturaleza que ha tomado siglos para desarrollarse. Como enseñó Jesús y todos los maestros espirituales, la meta del hombre es la realización de la vida eterna; el vencimiento de la muerte física. La raza humana en este planeta continuará muriendo y renaciendo hasta que aprenda la ley de vivir en rectitud, que culminará en un cuerpo tan saludable que nunca morirá. Jesús demostró esto y prometió que los que Lo siguieran en la regeneración, nunca verían la muerte si guardaban Sus palabras. Muchos cristianos están logrando esta comprensión—que ellos no alcanzarán vida eterna mientras permitan a sus

234

cuerpos continuar en la corrupción que fina-
liza en muerte, y ellos están sinceramente empezando a apropiarse, o a comer y beber, de la
vida y substancia del cuerpo del Señor, hasta
que El aparezca de nuevo en sus organismos
regenerados.

Printed U.S.A.   37-S-8771-5M-10-86

Acerca del Autor

Charles Fillmore fue un pensador innovador, un pionero en el pensamiento metafísico en una era cuando la mayor parte del pensamiento religioso en Estados Unidos era ortodoxo. A través de su vida, abogó por la mente abierta e inquisitiva, y se sentía orgulloso de mantenerse al tanto de los descubrimientos y las teorías más recientes en el campo de la educación y de la ciencia. Hace muchos años escribió: "Puede que lo que piensas hoy no sea la medida de tu pensamiento mañana"; y es probable que si él compilara este libro hoy, emplearía metáforas distintas, referencias científicas diferentes, y así sucesivamente.

La Verdad no cambia. Quienes conocieron bien a Charles Fillmore creen que a él le hubiera gustado usar frases diferentes para explicar sus observaciones a los lectores de hoy en día, ofreciéndoles la eficacia adicional del pensamiento contemporáneo. Pero las ideas mismas —la esencia de los escritos de Charles Fillmore— son tan eternos ahora (y lo serán mañana) como lo eran cuando fueron publicadas inicialmente.

Charles Fillmore nació el 22 de agosto de 1854 en una reservación de indios cerca del pueblo de St. Cloud, Minnesota. Hizo su transición el cinco de julio de 1948 en Unity Village, Missouri, a los noventa y tres años. Desde una perspectiva histórica, cuando Charles tenía once años, Abraham Lincoln fue asesinado; cuando Charles murió, Harry Truman era presidente.

Con su esposa Myrtle, Charles Fillmore fundó el movimiento Unity y Silent Unity, el ministerio internacional de oración que edita *Daily Word* (*La Palabra Diaria*). Charles y Myrtle establecieron la organización mundial que continúa su obra hoy, Unity School of Christianity. A través de los ministerios de oración, educación y publicación de Unity School, miles de personas alrededor del mundo encuentran las enseñanzas de la Verdad descubiertas y puestas en práctica por Charles y Myrtle Fillmore.

Charles Fillmore fue un pionero espiritual cuyo impacto todavía no se ha valorado. Influyó profundamente en líderes nada menos que el Dr. Norman Vincent Peale y el Dr. Emmet Fox. El Dr. Peale adoptó el lema de Charles Fillmore de pensamiento positivo. Las ideas de Charles Fillmore impresionaron tanto a Emmet Fox que éste cambió su profesión. De ser ingeniero, pasó a ser escritor y orador de renombre.

Charles Fillmore —escritor, maestro, metafísico, místico práctico, esposo, padre, líder espiritual, visionario— ha dejado una herencia que sigue influyendo en las vidas de millones de personas. Sigue siendo conocido por sus frutos.

Printed U.S.A.   294-2206-5M-7-98